Het Complete Golden Retriever Handboek

Joanna de Klerk

LP Media Inc. Publishing
Tekst copyright © 2025 door LP Media Inc.
Alle rechten voorbehouden.

www.lpmedia.org

Publicatiegegevens

Joanna de Klerk

Het Complete Golden Retriever Handboek ---- Eerste editie.

Samenvatting: "Met succes een Golden Retriever opvoeden van puppy tot hoge leeftijde" --- Verstrekt door de uitgever.

ISBN: 979-8-89818-013-3

[1. Golden Retriever --- Non-fictie] I. Titel.

Dit boek is geschreven met de uitdrukkelijke bedoeling om nauwkeurige en gezaghebbende informatie te verstrekken met betrekking tot het behandelde onderwerp. Hoewel bij de voorbereiding van dit boek alle redelijke voorzorgsmaatregelen zijn genomen, wijzen de auteur en uitgever uitdrukkelijk alle verantwoordelijkheid af voor eventuele fouten, omissies of nadelige gevolgen die voortvloeien uit het gebruik of de toepassing van de informatie in dit boek. De technieken en suggesties dienen naar eigen inzicht van de lezer te worden gebruikt en mogen niet worden beschouwd als vervanging voor professionele diergeneeskundige zorg. Als u een medisch probleem bij uw hond vermoedt, raadpleeg dan uw dierenarts.

Ontwerp door Sorin Rădulescu
Eerste Nederlandse editie, 2025

INHOUDSOPGAVE

HOOFDSTUK 1
Rasoverzicht

Het is geen verrassing dat de Golden Retriever een van de populairste honden ter wereld is. De Golden Retriever is zowel mooi als intelligent en past perfect in het gezinsleven, ondanks dat hij oorspronkelijk als werkhond is gefokt. Dit toont aan hoe aanpasbaar het ras is en hoe sterk de band kan worden tussen een Golden Retriever en zijn menselijke roedel. Als je erover denkt een Golden Retriever in huis te nemen, zal dit boek je door alle basisprincipes leiden om het ras te begrijpen en te weten hoe je aan de behoeften van je hond kunt voldoen.

Foto met dank aan Meghan Shoeman

Over het ras

De Golden Retriever is direct herkenbaar, maar wordt vaak verward met de Labrador Retriever. Beide rassen hebben hun oorsprong in dezelfde brede genenpool, met een gemeenschappelijke voorouder in de Sint-Janshond uit Newfoundland. En beide hebben waterhonden onder hun voorouders, omdat ze gefokt werden als werkhonden om geschoten wild uit moerassig terrein te apporteren. Beide rassen zijn ook uitzonderlijk intelligent, vriendelijk, dol op water en verzot op eten. En beide zijn uitstekende gezinshonden. Er zijn echter een paar kenmerken die de Golden Retriever onderscheiden van zijn Labrador-neef.

Uiterlijk

De Golden Retriever komt, zoals de naam al suggereert, maar in één kleur voor, en dat is goudkleurig. Binnen het ras is er wel enige variatie in tint, van bijna wit tot karamelkleurig. In tegenstelling tot de Labrador, die voorkomt in goudkleurig, chocoladebruin en zwart, zie je deze brede variatie niet bij de Golden Retriever. Als afstammeling van de golvend-behaarde Retriever heeft de Golden ook een weelderige lange vacht in vergelijking met de gladde vacht van zijn Labrador-neef.

Over het algemeen is de Labrador groter dan de Golden Retriever, hoewel het verschil klein is, waardoor afwijkingen in grootte dit een onbetrouwbaar onderscheid maken. Vrouwtjes zijn kleiner dan mannetjes. Mannelijke Golden Retrievers zijn doorgaans 58 tot 61 cm hoog en wegen 29 tot 34 kg. Vrouwtjes zijn meestal 54,5 tot 57 cm hoog en wegen 25 tot 29,5 kg. Goldens hebben een zachte bek om wild onbeschadigd te apporteren, en een karakteristieke glimlach die hen een aantrekkelijk, vriendelijk uiterlijk geeft.

Het uiterlijk van de Golden Retriever verschilt enigszins per land, aangezien de rasstandaard niet in elk land precies hetzelfde is. Als rashond moeten Golden Retrievers strikt volgens de rasstandaard van hun land worden gefokt.

De Golden Retriever in Amerika kan donkerder van kleur zijn dan zijn Britse tegenhanger. De Britse Golden is gedrongener dan zijn Amerikaanse neef, met een bredere kop. Hij kan ook iets groter zijn.

De Golden Retriever heeft prachtige bevedering rond zijn nek, buik, aan de achterkant van zijn poten en aan de onderkant van zijn staart. Zijn vacht is werkelijk zijn kroonjuweel en iets wat veel mensen tot het ras aantrekt. In vergelijking met de gladde vacht van de Labrador vraagt deze vacht echter veel onderhoud, dus de toekomstige eigenaar moet zich inzetten voor regelmatig borstelen. Mensen met allergieën zullen het niet goed doen met dit ras, aangezien de vacht overvloedig verhaart.

Het schitterende uiterlijk van de Golden Retriever heeft hem wereldwijd geliefd gemaakt en een populaire ster in de media, en het is niet moeilijk te begrijpen waarom.

Foto met dank aan
Ashley DeFrancesco

Levensverwachting

De gemiddelde levensduur van een Golden Retriever is 10-12 jaar. Wanneer je een Golden Retriever-pup in huis neemt, is het belangrijk om vooruit te denken en rekening te houden met mogelijke veranderingen in je persoonlijke situatie. Bedenk of je je gedurende het hele leven van je hond kunt blijven inzetten voor zijn zorg. Enkele decennia geleden konden Golden Retrievers naar verwachting 16 of 17 jaar worden. Momenteel wordt onderzoek gedaan naar de vraag waarom de gemiddelde levensduur de laatste jaren zo drastisch is gedaald. Deze studies kijken naar omgevingsfactoren, veranderingen in levensstijl, genen en gezondheidsproblemen. Aangezien er nog geen conclusies zijn getrokken, kun je als eigenaar alleen maar zorgen dat je hond een goed dieet heeft, op een gezond gewicht blijft, voldoende beweging krijgt en regelmatig veterinaire zorg ontvangt om ervoor te zorgen dat hij zijn toegemeten jaren optimaal beleeft.

Karakter

Simpel gezegd is de Golden Retriever één grote persoonlijkheid op vier poten met een kwispelende staart. Niets onderscheidt de Golden Retriever zo zeer als zijn vriendelijke, zonnige aard, zijn grote glimlach en zijn zachte, toegewijde karakter. Je Golden Retriever zal onvoorwaardelijk van je houden, je impliciet vertrouwen en al je fouten vergeven. Elke dag is voor hem de beste dag ooit, en hij zal graag deel uitmaken van je gezin, meedoen met al je activiteiten en enthousiast elke bezoeker in je huis verwelkomen.

Een woord dat je regelmatig in dit boek zult tegenkomen is "meegaand". Dit is het kenmerk dat in de officiële rasstandaard wordt genoemd om de persoonlijkheid van de Golden Retriever te beschrijven, en het betekent dat je hond graag wil behagen en je instructies wil opvolgen. Het impliceert ook dat de Golden Retriever zowel door zijn aard als door de training die je met hem doet wordt gevormd. Dus wat betreft het ruwe materiaal heb je een ideale basis in een goed gefokte Golden Retriever, maar er is nog werk aan de winkel om de perfecte hond te creëren.

Hoofdstuk 3 van dit boek gaat in op het gedrag van een Golden Retriever en merkt op dat hoewel er een geaccepteerde standaardpersoonlijkheid voor het ras bestaat, variaties kunnen optreden door genetica. Werkhondenlijnen zullen bijvoorbeeld energieker zijn. Ook kunnen er karakterafwijkingen optreden, zelfs tussen nestgenoten, die onvoorspelbaar kunnen zijn. Als je bovendien een oudere hond uit een asiel adopteert, kunnen zijn vroege ervaringen schadelijk zijn geweest voor zijn persoonlijkheid, en zal er werk nodig zijn om zijn vertrouwen terug te winnen en zijn natuurlijke gedrag te herstellen. Helaas zullen sommige beschadigde honden na mishandeling of verwaarlozing nooit emotioneel welzijn bereiken. De Golden Retriever is van nature echter een veerkrachtig en vergevingsgezind ras, dus de kansen zijn beter dan gemiddeld.

Als je Golden Retriever je huis en je leven niet volledig vult vanwege zijn formaat, dan zal zijn enorme persoonlijkheid dat zeker doen! Je zult nooit een saaie dag hebben in al de jaren die je in het gezelschap van een Golden Retriever mag doorbrengen.

Binnenshuis

De Golden Retriever is een grote hond. Het spreekt voor zich dat het kleine pluizige bundeltje dat je als pup mee naar huis neemt, snel zal uitgroeien tot een grote en uitbundige volwassen hond, met een lange kwispelende staart die in staat is om met één zwaai een salontafel leeg te vegen. De eerste vraag die je jezelf moet stellen als je overweegt of dit het ras voor jou is: heb je genoeg ruimte in huis en zijn de kamers groot genoeg? Als je alleen woont en dit waarschijnlijk niet zal veranderen, vind je misschien voldoende ruimte in een bescheiden huis voor jezelf en je grote vriend. Als je echter een groot gezin hebt, moet je nadenken over de ruimte die een Golden Retriever zal innemen. Natuurlijk hoeft je hond niet per se toegang te hebben tot het hele huis, zolang de kamers waar hij mag komen maar groot genoeg zijn en vrij van gevaren. Dit is een kwestie van persoonlijke voorkeur en er zijn geen harde regels, zolang er maar zorgvuldig is nagedacht over de impact die een grote, energieke hond op het huishouden zal hebben voordat hij bij je komt wonen.

Foto met dank aan
Linda Walkowiak

De Golden Retriever staat bekend als een flinke verhaarder. Als je erg gesteld bent op een schoon huis, moet je misschien je verwachtingen wat bijstellen wanneer je een Golden in huis neemt, tenzij je bereid bent extra tijd met de stofzuiger door te brengen. Bepaalde textielsoorten trekken haar aan en houden het vast, terwijl harde oppervlakken en leren of vinyl bekleding gemakkelijker te onderhouden zijn in een huis dat je deelt met een Golden Retriever. Over het algemeen zijn deze oppervlakken ook gemakkelijker schoon te maken tijdens de zindelijkheidstraining met je hond, dus er zijn altijd enkele praktische zaken om te overwegen die je leven gemakkelijker kunnen maken als de Golden Retriever het ras voor jou is.

Helaas zal een Golden voor sommigen nooit een optie zijn, aangezien het ras met zijn dikke, verharende ondervacht en zijdeachtige bovenvacht niet geschikt is voor mensen met ernstige allergieën. Je kunt ook overwegen of regelmatige bezoekers aan je huis, zoals familie, allergisch zijn voor honden voordat je besluit een Golden Retriever te nemen.

De Golden Retriever staat bekend om zijn kenmerkende hondengeur. Voor veel mensen is dit helemaal geen probleem en zelfs eerder aandoenlijk, maar als het je waarschijnlijk zal storen, kun je je keuze voor een Golden Retriever beter heroverwegen, het is nu eenmaal zijn natuurlijke parfum. Honden moeten niet overmatig worden gewassen omdat dit de natuurlijke oliën uit de vacht verwijdert, en hondendeodorants worden niet aanbevolen. Na verloop van tijd raak je als eigenaar gewend aan de geur van je hond. Maar als je je zorgen maakt dat je huis voor be-zoekers naar hond ruikt, is een Golden Retriever misschien niet het juis-te ras voor jou.

Als je de voor- en nadelen hebt afgewogen van de impact die een Golden Retriever op je huis zal hebben, en hebt besloten dat je genoeg ruimte hebt, ontspannen bent over hondenhaar, kwijl en geur, en een paar strategieën hebt om dit te beperken, dan is er geen twijfel mogelijk: je huis zal compleet zijn met een Golden die altijd klaarstaat om je bij de deur te verwelkomen en de zorgen van de dag in perspectief te plaatsen.

Buitenshuis

Als je een Golden Retriever overweegt, is het belangrijk dat je of-wel een eigen achtertuin hebt, ofwel toegang tot een veilige ruimte di-rect buiten je huis waar de hond regelmatig zijn behoefte kan doen. Een privé-achtertuin heeft natuurlijk de voorkeur omdat je deze veilig kunt maken zodat je hond regelmatig toegang heeft tot een ontspannende buitenruimte waar hij los kan lopen en van de zon kan genieten. Voor een grote hond zoals een Golden kan het huis zelf benauwend aanvoe-len, zelfs als hij regelmatig wordt uitgelaten, dus hij zal genieten van een veilige tuin.

Zorg er altijd voor dat je tuinhek hoog genoeg is om te voorkomen dat je Golden eroverheen springt, en dat het helemaal tot de grond reikt als je een puppy hebt. Puppy's moeten in ieder geval buiten onder toe-zicht staan, omdat ze kunnen graven en ongeschikte voorwerpen of planten kunnen eten. Als je een hond uit een asiel adopteert, zal de huis-controleur met een ervaren blik naar je buitenruimte kijken en sugges-ties doen als ze tekortkomingen zien zoals kapotte hekpanelen, andere ontsnappingsroutes of gevaarlijke objecten. Deze zullen moeten worden aangepakt voordat je je asielhond mee naar huis kunt nemen. Maar als je een puppy koopt en nog nooit eerder een hond hebt gehad, kan het de moeite waard zijn om een ervaren hondenbezitter te vragen je tuin te controleren. Als je een zwembad of vijver hebt, moet je deze afschermen voordat je hond arriveert. Meer advies over het voorbereiden van je huis en tuin vind je in hoofdstuk 5.

Je Golden Retriever zal ook graag zijn wijdere territorium verkennen, inclusief zijn vaste wandelroutes, of deze nu te voet vanuit je huis toe-gankelijk zijn of via een korte autorit. Hoewel het leuk is voor je hond om van een grote verscheidenheid aan wandelingen te genieten, zal hij altijd zijn speciale plekken waarderen die hij goed kent, en waar al zijn favorie-te geuren op de verwachte plaatsen zijn. Als je in de stad woont, is het belangrijk om regelmatig tijd vrij te maken om met je Golden Retriever naar het platteland of de zee te gaan. Hoe aanpasbaar hij ook is, hij is gefokt als werkhond en kan zijn natuurlijke instincten alleen in een meer landelijke omgeving goed kwijt. Wees je echter bewust van gevaren zoals sterke zeestromingen, snelstromende rivieren en steile kliffen, en gebruik een lijn waar het enthousiasme van je hond hem in de problemen kan brengen. Zorg ervoor dat je hond een identiteitsplaatje aan zijn halsband heeft en gechipt is met je actuele contactgegevens voor het geval hij zou weglopen.

Kosten van het houden van een Golden Retriever

De meest directe kosten bij de aanschaf van een Golden Retriever zijn de prijs van de hond, en aangezien een Golden een rashond is, zal deze vrij hoog zijn. Gemiddeld kun je verwachten tussen de €450 en €1.800 te betalen voor een Golden Retriever met gedocumenteerde bloedlijnen. Hoewel je een hond voor een lagere prijs kunt krijgen, moet je je ervan bewust zijn dat een niet-gedocumenteerde hond mogelijk is gefokt zonder veel aandacht voor de rasstandaard of de geschiktheid van de ouders, en later meer gezondheidsproblemen kan krijgen. Je kunt ook een asielhond adopteren, maar deze honden zijn niet gratis; je zult altijd een herplaatsingsvergoeding moeten betalen. Deze kan rond de €180-€450 liggen en dekt de algemene kosten die het asiel maakt in hun werk, zoals castratie/sterilisatie, vaccinaties, chippen, opvang, huisvesting, voeding, transport en administratie. Het zorgt er ook voor dat niemand een asiel beschouwt als een plek om een gratis hond op te halen voor illegale hondengevechten, fokken of doorverkopen.

Golden Retrievers zijn vrij kostbare honden om te houden vanwege hun grootte en potentiële gezondheidsproblemen. Preventieve diergeneeskunde wordt besproken in hoofdstuk 11, en verzekering voor dierenartskosten wordt vanaf het begin sterk aanbevolen, aangezien de soorten kwalen waarvoor een Golden Retriever vatbaar is, potentieel zeer kostbaar kunnen zijn. Sommige eigenaren geven er de voorkeur aan om zelf te verzekeren, waarbij ze regelmatig een bedrag opzij zetten voor onvoorziene dierenartskosten. Dit is een kwestie van persoonlijke voorkeur, hoewel operaties in de duizenden euro's kunnen lopen. Eigenaren zonder verzekering worden geconfronteerd met hoge kosten voor een dure ingreep die mogelijk niet succesvol is, en hebben dan vaak geen andere keuze dan euthanasie als ze de middelen niet hebben. Op een meer regelmatige basis zullen de kosten voor het voeden van je Golden Retriever hoger zijn dan gemiddeld omdat hij een grote hond is. Ook

*Foto met dank aan
Curtis McCollough*

vanwege zijn genetische aanleg voor gewrichtsproblemen en andere gezondheidsproblemen op latere leeftijd, wil je er zeker van zijn dat hij een
hoogwaardig dieet heeft. Voeding wordt besproken in hoofdstuk 8. Zodra je een idee hebt welk type voer je voor je hond wilt gebruiken, is het
de moeite waard om de aanbevolen hoeveelheden voor een volwassen
Golden Retriever (25-34 kg) op te zoeken. Bereken vervolgens het aantal
porties in de zak, het aantal blikken per dag of het volume rauw vlees als
dat je voorkeur heeft, en reken uit wat het voeden van je hond je maand
na maand zal kosten. Vergeet niet dat je hond af en toe een traktatie ver-
dient, vooral tijdens zijn training, dus bouw ook een beetje in het budget
voor dit doel.

Een uitgave die moet worden overwogen tijdens het tweede levens-
jaar van je pup zijn de kosten voor het castreren/steriliseren van je hond.
Dit wordt aanbevolen als je niet van plan bent om je hond te showen of
ermee te fokken, omdat het ongewenste zwangerschappen voorkomt,
loopsheid bij het vrouwtje elimineert, en ook helpt om je hond rustiger
te maken. Golden Retrievers zijn echter een van de weinige rassen die
niet voor de leeftijd van één jaar gesteriliseerd/gecastreerd moeten worden, omdat ze het effect van hormonen nodig hebben om de groeischijven van de lange botten te sluiten. Als je besluit je hond te laten castre-
ren/steriliseren, moet dit bij een Golden Retriever idealiter tussen 1 en 2
jaar gebeuren.

Naast eenmalige kosten zoals castratie/sterilisatie heb je ook andere regelmatige kosten zoals parasietenbehandelingen en jaarlijkse vaccinaties die in het budget moeten worden opgenomen.

De uitrusting die je voor je hond nodig hebt, bestaat voornamelijk uit een hoge initiële kostenpost, met kleinere uitgaven onderweg als je hond uit zijn mand groeit, of als zijn bench, tuig, speelgoed, lijnen, enz. verslijten of kapot gaan. Een idee van wat je nodig hebt voor je nieuwe hond wordt gegeven in hoofdstuk 5. Na de eerste uitgave heb je meer tijd om naar koopjes of tweedehands artikelen te zoeken wanneer vervanging nodig is als je een beperkt budget hebt. Voor veel eigenaren geeft het verwennen van hun hond echter veel plezier, dus ook dit is een kwestie van persoonlijke keuze.

De activiteiten die je met je hond kiest te ondernemen, kunnen sterk variëren in kosten. Voor veel eigenaren is het voldoende om hun hond informeel te socialiseren en hem zelf te trainen met behulp van online tutorials of eerdere ervaring. Ze hebben misschien gemakkelijk toegang tot het platteland of lokale parken voor wandelingen, en hoeven nooit een cent uit te geven aan het vermaken van hun hond. Andere eigenaren vinden het idee van formele puppysocialisatieklassen en hondentrainingslessen echter leuk, vanwege de morele en praktische steun die dit biedt, en de kans om te mengen met en te leren van andere hondeneigenaren. Ook vinden veel eigenaren het idee van behendigheidsklassen en flyball-sessies leuk. De meeste van deze groepslessen brengen een vergoeding en mogelijk wat extra uitrusting met zich mee. Als je op een hoger niveau wilt wedijveren, zijn er ook extra kosten. De hoogste kosten in de categorie "optioneel" worden gemaakt als je je hond wilt showen. In dat geval ben je voorbereid op inschrijfgelden, reiskosten en alle uitgaven die gepaard gaan met het in topconditie houden van je hond. Deze worden besproken in hoofdstuk 15.

Dus als algemene regel is het houden van een Golden Retriever duurder dan de gemiddelde hond. Zoals bij elke hond zijn veel uitgaven echter optioneel, en je kunt de kosten laag houden. De keuze voor een Golden Retriever hoeft mensen met een lager inkomen dus niet uit te sluiten, zolang er maar rekening wordt gehouden met huidige en toekomstige uitgaven. Je hond heeft simpelweg geen begrip van rijkdom; het enige wat voor hem belangrijk is, is dat hij comfortabel is, voldoende voeding krijgt, genoeg beweging krijgt, vrij is van pijn, en gedurende een groot deel van de dag menselijk gezelschap heeft, met de mogelijkheid om ook soortgenoten te ontmoeten. Als je hem deze basisbehoeften kunt garanderen, zullen jullie beiden genieten van een relatie die zijn weerga niet kent!

HOOFDSTUK 2
Rasgeschiedenis

"De rasstandaard van de Golden Retriever spreekt van een hond die betrouwbaar en vriendelijk is, nooit 'ruziezoekend' onder normale omstandigheden. Een golden was een jachthond voor de gentleman, en moet zowel mooi als atletisch zijn."

Jill Simmons
PoeticGold Farm

Oorsprong van het ras

De Golden Retriever dankt zijn bestaan als ras aan Dudley Majoribanks, Lord Tweedmouth, die in de late 19e eeuw woonde in Guisachan House in de Inverness Hooglanden van Schotland. De Hooglanden waren de traditionele jachtgebieden van het Verenigd Koninkrijk, maar het landschap was bezaaid met moerassen en rivieren, waardoor jagers een retrieverras nodig hadden dat op alle terreinen kon werken om zowel hooglandwild als watervogels te apporteren. Bovendien hadden vuurwapens met een groter bereik ertoe geleid dat wild op grotere afstand werd geschoten, waardoor een ras met uitstekend uithoudingsvermogen nodig was dat op grotere afstand kon werken.

Genetica

De voorouder van de Golden Retriever stond bekend als de wavy-coated retriever, waarvan de oorsprong teruggaat tot de Sint-Johnshond van Newfoundland, die ook de voorouder is van de Labrador Retriever. In 1865 kocht Dudley Majoribanks een jonge gele wavy-coated retriever van een schoenmaker in Brighton, aan de zuidkust van Engeland. De schoenmaker had de pup het jaar daarvoor verkregen van de jachtopziener van de plaatselijke landeigenaar, Lord Chichester, als betaling van een schuld. Het was de enige gele pup uit een nest zwarte wavy-coated retrievers. De hond werd Nous genoemd, wat "wijsheid" betekent, en was duidelijk een hond van grote kwaliteit om Majoribanks' aandacht te trekken. Nous werd meegenomen naar Guisachan in Schotland om zich bij zijn kennel van jachthonden te voegen en de stamvader van een nieuw ras te worden.

Een ander jachthondenras in de kennels van Dudley Majoribanks was de Tweed Water Spaniel, een ras dat nu is uitgestorven. Zoals de naam al doet vermoeden, had deze hond het vermogen om wild uit het water te apporteren, met een zachte bek zodat het onbeschadigd bleef. Nous werd in 1868 en 1871 gekruist met een Tweed Water Spaniel genaamd Belle, en de resulterende gele puppy's vormden de basis voor een nieuwe en onderscheidende lijn van gele retrievers.

Foto met dank aan Stephanie Johnston

Dankzij de nauwkeurige aantekeningen die Dudley Majoribanks bijhield in een dagboek van 1840 tot 1890, werd de ontwikkeling van het ras dat nu bekend staat als de Golden Retriever gedocumenteerd. Deze kennelaantekeningen bevinden zich nu in de bibliotheek van de Britse Kennel Club. Door zorgvuldige lijnfokkerij van de nakomelingen van Nous en Belle met andere wavy- en flat-coated retrievers, nog een Tweed Water Spaniel, een Red Setter, en mogelijk een Labrador Retriever en een Bloedhond, werd het ras ontwikkeld. De gele retrievers werden over het algemeen door Majoribanks gehouden om de lijn voort te zetten, maar hij behield ook enkele zwarte puppy's. Veel van de door Majoribanks gefokte honden werden aan vrienden en familie gegeven als werkende jachthonden. Terwijl de Golden Retriever tegenwoordig een rol heeft gevonden als gezinshond, stond in dit stadium van de ontwikkeling van het ras het werkvermogen voorop, met nadruk op uitzonderlijke watercapaciteiten.

Historische standaarden

Foto met dank aan
Samantha Hector

Tot het begin van de twintigste eeuw was Lord Majoribanks'
nieuwe jachthondenras weinig
bekend buiten de Schotse Hooglanden (dat bergachtige gebied
in het noorden van Groot-Brittannië waar veel van de Britse jachtrassen werden ontwikkeld), maar in 1904 won een van
Majoribanks' honden de eerste
veldwedstrijd voor retrievers en
kreeg bredere bekendheid. Een
paar jaar later werd het ras ten-
toongesteld op hondenshows
door heel Groot-Brittannië. Ze
stonden in deze fase nog bekend als Yellow Retrievers, specifiek ontwikkeld voor de jacht op
waterwild in de Schotse meren
en rivieren, een kynologische
traditie die zeer verschilt van de
jachtmethoden die traditioneel
in Nederland werden beoefend.

In 1908 verzamelde Lord Harcourt van Nuneham Park in Oxford,
die een voorliefde voor het ras had ontwikkeld, een collectie retrievers
van de oorspronkelijke kruisingen en schreef ze in voor de Britse Kennel Club-show. Ze werden ingeschreven onder de klasse 'Any Variety Retriever' als 'Yellow Flatcoated Retrievers'. De belangstelling die Lord Harcourt's honden wekten, leidde er echter toe dat ze voor het eerst werden
beschreven als 'Golden Retrievers'. Tegen de tijd dat ze in 1911 bij de
Kennel Club of England werden geregistreerd, kregen ze de classificatie
'Retriever – Yellow or Golden'. Het was in 1920 dat ze officieel werden ge-
classificeerd als "Retriever – Golden" door de British Kennel Club, erkend
door de Canadian Kennel Club in 1925 en door de American Kennel Club
in 1932. De verspreiding naar continentaal Europa, inclusief Nederland,
zou enkele decennia later volgen, toen deze honden zich begonnen aan
te passen aan verschillende jachttradittes en klimaten.

Een misvatting over de oorsprong van de Golden Retriever is dat
ze afstammen van de Russische circushond. Deze verwarring ontstond
toen een vroege bewonderaar van het ras, kolonel Le Poer Trench, een

lijn Goldens fokte waarvan hij be- weerde dat ze afstamden van Majoribanks' Guisachan-lijnen en op gezag van Majoribanks' eigen kennelmedewerker afstamden van Russische circushonden. Kolonel Trench was een man van aanzien en bijgevolg werd aangenomen dat zijn ras, dat hij „Russian Retrievers" noemde, uit Rusland afkomstig was. Toen Majoribanks' kennelaantekeningen aan het licht kwamen, werd deze theorie echter volledig ontkracht. Destijds veroorzaakte dit verwarring en een blijvende controverse over de ware oor-

Foto met dank aan
Leslie Jenkins

sprong van het ras, hoewel de lijn van kolonel Trench als zuiverder kan worden beschouwd dan de Goldens die door Majoribanks werden ontwikkeld, omdat zij nooit werden gekruist met de oorspronkelijke stam.

In de begindagen van het showen in het Verenigd Koninkrijk moesten Golden Retrievers concurreren met de Yellow Russian Retrievers van kolonel Le Poer Trench voor Challenge Certificates, want hoewel ze aparte klassen hadden, werd er slechts één set Challenge Certificates toegewezen, die consequent door de Russian Retrievers werden gewonnen. Toen de Goldens hun eigen Challenge Certificates kregen, waren de eerste winnaars echter de reu Noranby Sandy van mevrouw Charlesworth en de teef Coquette van de heer F.W. Herbert. Mevrouw Charlesworth won vervolgens drie Challenge Certificates en een Field Trial met Noranby Campfire. Een opschorting van kynologische activiteiten tijdens de Eerste Wereldoorlog bracht alle rasontwikkeling tot stilstand, maar de Golden Retriever had zich inmiddels gevestigd in de genegenheid van het Britse publiek.

De Golden Retriever kwam voor het eerst naar Noord-Amerika in het begin van de twintigste eeuw en had daar onmiddellijk succes. De meest opmerkelijke stamvader werd geboren in Engeland in 1929 en heette Am/Can Ch Speedwell Pluto, geïmporteerd door Samuel S. Magoffin uit North Vancouver als zijn persoonlijke jachthond. Speedwell Pluto werd een AKC-kampioen, de eerste Golden die een Sporting Group won, en de eerste die Best in Show ging. Samuel Magoffin en zijn broer John Rogers Magoffin importeerden meer goed gefokte teven uit Engeland voor hun Rockhaven- en Gilnockie-kennels, en werden de basis voor het Golden Retriever-ras in het Amerikaanse Westen en Middenwesten.

Aanvankelijk, toen de rasstandaard in 1911 was opgesteld, was crème uitgesloten als toegestane kleur en was het niet populair in de jaren ,20, waarbij de donkerdere tinten meer de voorkeur genoten. In de jaren ,30 werden de lichtere tinten echter weer populair, en in 1936 werd de Britse rasstandaard gewijzigd in „Elke tint goud of crème, maar niet rood of mahonie", omdat dit meer in overeenstemming werd geacht met de oorspronkelijke Guisachan-fokkerij.

Naarmate het ras zich in de twintigste eeuw op veel bredere basis bleef ontwikkelen, begonnen er bepaalde afwijkingen in te sluipen die zorgen begonnen te baren bij Europese fokkers. De lange, setter-achtige look was meer te zien in shows halverwege de eeuw, en bepaalde gezondheidsproblemen zoals overbeet of onderbeet en ooglidproblemen werden niet adequaat aangepakt. Bijgevolg werd in 1955 de oude AKC-rasstandaard herzien, waarbij honden met onjuiste tandstand, abnormale wimperstand en honden buiten een striktere hoogtelimiet werden gediskwalificeerd.

Foto met dank aan
Claire Moody

In deze tijd begonnen de rasstandaarden tussen het Verenigd Koninkrijk en de Verenigde Staten uiteen te lopen, waarbij de lichter gekleurde, vierkant gebouwde honden de voorkeur kregen op de Britse eilanden, in tegenstelling tot de donkerdere, slankere Amerikaanse Golden Retriever. Deze divergentie zou zich later ook weerspiegelen in continentaal Europa, waar verschillende landen enigszins verschillende voorkeuren ontwikkelden volgens hun lokale jachttradities.

Foto met dank aan
Kristin Stohl-Carlson

De Komst naar Nederland

Hoewel Golden Retrievers Groot-Brittannië en Noord-Amerika hadden veroverd in de eerste decennia van de twintigste eeuw, was hun komst naar Nederland later, samenvallend met de internationale opening van het land na de Tweede Wereldoorlog en de groeiende belangstelling voor geïmporteerde rassen in de jaren 1950 en 1960. De eerste exemplaren kwamen voornamelijk van Britse fokkers en pasten zich geleidelijk aan aan het Nederlandse klimaat en jachtlandschap. In tegenstelling tot hun oorspronkelijke rol als waterwild-retrievers in de koude Schotse meren, vonden ze in Nederland een nieuwe bestemming in de veelzijdige Nederlandse jachtpraktijk en als gezelschapshonden in een gematigder klimaat.

De Golden Retriever Club Nederland, opgericht in 1956, werd de eerste officieel erkende rasvereniging door de Raad van Beheer en begon Nederlandse foklijnen te vestigen die Europese kwaliteit combineerden met aanpassing aan de Nederlandse omgeving. Tegenwoordig is de Golden Retriever een van de meest gewaardeerde rassen in Nederland geworden, zowel door jagers als door gezinnen die hun evenwichtige temperament en aanpassingsvermogen waarderen.

Naarmate het ras zich heeft verfijnd en ontwikkeld op internationaal niveau, hebben organisaties zoals de Golden Retriever Club of America, de Golden Retriever Breed Council in het Verenigd Koninkrijk, en de Nederlandse rasverenigingen samen gewerkt om ervoor te zorgen dat de gezondheid van het ras voorop blijft staan, ongeacht regionale variaties in standaarden en voorkeuren.

Beroemde Golden Retrievers in de geschiedenis

De Amerikaanse president Gerald R. Ford was zeer gesteld op Golden Retrievers. De derde Golden van de familie Ford, Liberty, werd door hun dochter Susan aan hen gegeven terwijl Ford president was, en werd daarmee een bewoner van het Oval Office, met zwemrecht in het zwembad van Camp David en loungerecht op het South Lawn van het Witte Huis. Liberty hielp ook om een gevoel van perspectief te behouden in het Oval Office, omdat ze was getraind om ongemakkelijke gesprekken te beëindigen door een signaal van haar baasje om de bezoeker met kwispelende staart te benaderen. Je zou kunnen zeggen dat elk presidentieel kantoor een Golden Retriever nodig heeft om de wereld een betere plek te maken.

Dit sentiment werd duidelijk gedeeld door president Ronald Reagan, wiens karamelkleurige Golden Retriever, Victory, hem in 1980 tijdens zijn campagne werd gegeven onder voorwaarde dat er voor zou worden gezorgd totdat hij het Witte Huis zou betreden. Na het winnen van de verkiezingen werd Victory First Dog; hij verhuisde echter niet mee naar het Witte Huis, omdat de Reagans vonden dat hun ranch in Californië een geschiktere plek voor hem was. Daar verwelkomde hij hen altijd tijdens hun vakanties en vergezelde hij de president bij het werk op de ranch en tijdens het paardrijden. Niet om achter te blijven, hebben leiders van andere landen ook Golden Retrievers gehad, waaronder Aldo, eigendom van de Russische president Dmitry Medvedev, en Abby, eigendom van de Australische premier Kevin Rudd. Abby kwam zelfs voor in het kinderboek geschreven door de premier, 'Jasper and Abby and the Gre-

25

at Australia Day Kerfuffle'. In het Verenigd Koninkrijk had kindertelevi-sie-presentator Simon Groom een Golden Retriever genaamd Goldie, die van 1978 tot 1986 in Blue Peter verscheen. Goldie's puppy Bonnie werd haar opvolger, waardoor de vrolijke aard van het ras werd ingeprent bij een generatie Britse kinderen.

Golden Retrievers zijn zo intelligent, trainbaar en fotogeniek dat ze natuurlijke filmsterren zijn. De basketballende Buddy was de ster van de film Air Bud in 1997. Hij speelde ook de rol van Comet in de tv-sitcom Full House.

Homeward Bound: The Incredible Journey (1993) en het vervolg, Homeward Bound: Lost in San Francisco (1996) hadden een kat en twee honden in de hoofdrol, waarvan er één een Golden Retriever was, Shadow (met de stem van Don Ameche). Shadow werd voornamelijk gespeeld door Ben, met drie andere body doubles, en de honden op de set werden betaald in leversnoepjes. Hoewel Golden Retrievers uiterst trainbaar zijn, is één duidelijk teken dat de woorden ingesproken zijn het feit dat geen van de dieren beweegt met zijn mond wanneer ze 'spreken'! Het is nauwelijks verrassend dat Golden Retrievers een hit zijn bij beroemdheden, en ongetwijfeld zorgen ze voor een nivellerende en kalmerende invloed in hun hectische leven. Beroemdheden die Golden Retrievers hebben gehad, zijn onder andere Indira Gandhi, Jackie Chan, Sally Field, Enrique Iglesias, Tom Cruise, Sheryl Crow, Joe Cocker, Jamie Lee Curtis, Paul Newman, Neil Diamond, Oprah Winfrey, Pamela Anderson, Mary Tyler Moore en vele anderen. Christopher Reeve had een Golden Retriever als hulphond.

Vanaf zijn vroege oorsprong, gefokt en ontwikkeld binnen de grenzen van Dudley Majoribanks' Schotse landgoed als werkhond, is de Golden Retriever uitgegroeid tot een van 's werelds meest populaire en herkenbare rassen, die zich even goed thuis voelt voor het haardvuur als in het veld. Het is echter geen ras om lichtvaardig aan te schaffen, en een beetje begrip van hun achtergrond zal elke potentiële eigenaar helpen beslissen of de Golden Retriever de juiste hond is voor hun levensstijl en omstandigheden. Wanneer alles samenkomt, is het hebben van een Golden Retriever (of, zoals velen zouden zeggen, het bezit worden van een Golden Retriever) een wederzijds belonend partnerschap voor het leven.

HOOFDSTUK 3
Gedrag

Temperament

Het kenmerk dat de Golden Retriever boven alles definieert, is zijn vriendelijke, loyale, zonnige en meegaande temperament. Dit is te danken aan de lange geschiedenis van zorgvuldige, selectieve fokkerij en de strikte naleving van de rasstandaarden. Bij het creëren van een direct herkenbaar uiterlijk zou selectieve fokkerij ook een zekere uniformiteit in temperament moeten opleveren, en in grote lijnen is dit ook het geval. U kunt verwachten dat een Golden Retriever zachtaardig, loyaal, vrolijk en veilig is in de omgang met volwassenen, kinderen en andere di-

Foto met dank aan
Lori Reuter – Avalor Goldens

eren. Toch kunnen er afwijkingen in temperament voorkomen, en het is belangrijk om deze te erkennen.

Ten eerste mag u redelijkerwijs aannemen dat een nest puppy's genetisch aanleg heeft voor het temperament van de ouders. In de ideale fokomstandigheden zullen beide ouders bewezen hebben dat ze een uitstekend temperament hebben, conform de rasstandaard van de Raad van Beheer op Kynologisch Gebied in Nederland, die de FCI-standaard hanteert:

Gedrag/Temperament:

Meegaand, intelligent en met na-tuurlijk werkvermogen; vriende-lijk, goedaardig en zelfverzekerd (FCI-standaard)

Foto met dank aan
Julie & Holly Simmons
PrairieWyn Golden Retrievers

Afwijkingen in temperament kunnen voorkomen wanneer twee Golden Retrievers met verschillende temperamenten worden gekruist, waarbij de puppy's karaktereigenschappen van beide ouders kunnen erven. Soms zijn genetische factoren gewoon onvoorspelbaar, en kan er zonder duidelijke reden een atypisch temperament optreden bij een willekeurige pup uit het nest. Het is belangrijk dat honden die een temperament erven dat niet voldoet aan de rasstandaard niet voor de fokkerij worden gebruikt, om het kenmerkende meegaande temperament van de Golden Retriever te behouden.

Het temperament kan ook worden beïnvloed door ongelukkige ervaringen in het vroege leven van een hond. Wreedheid of gewoon slechte training kan resulteren in gedragsproblemen die later al dan niet kunnen worden overwonnen in meer ervaren handen. In Nederland, waar de hondentrainingscultuur de afgelopen decennia sterk is geëvolueerd naar positieve versterkingsmethoden, is het van belang om gekwalificeerde professionals te zoeken die deze moderne benaderingen hanteren.

Het is ook belangrijk om te weten dat ondanks de welverdiende reputatie van de Golden Retriever als de perfecte gezinshond, Nederlands onderzoek toont dat Golden Retrievers voorkomen in bijtstatistieken met ongeveer 2,9% van de incidenten. Dit is echter geen typisch rasken-merk, maar duidt er vooral op dat de enorme populariteit van het ras als gezinshond betekent dat ze numeriek vaker voorkomen in statistieken. Nederlandse experts benadrukken dat „de kans dat een hond van een zeer populair ras bij een bijtincident betrokken is, is groter, waardoor ten onrechte de indruk kan ontstaan dat zo'n ras agressiever is dan ande-re rassen."

Het zorgvuldige onderzoek door de toekomstige eigenaar moet ve-rificatie omvatten dat de fokker geregistreerd is bij de Raad van Behe-er, dat de ouders voldoen aan de vereiste gezondheidstesten, en dat de puppy's adequate vroege socialisatie hebben ontvangen. Vroege training en socialisatie zijn van het grootste belang, aangezien Golden Retrievers die bijten vrijwel altijd een slechte ervaring hebben gehad in de kritieke eerste paar maanden van hun leven of onverantwoord gefokt zijn door fokkers die zich niet houden aan de erkende fokreglementen.

Nederlandse hondenexperts wijzen erop dat hoewel Golden Retrie-vers werden ontwikkeld voor hun „zachte bek" en natuurlijke zachtheid, „alle honden kunnen en zullen bijten als er maar vaak genoeg over hun grens wordt gegaan." Dit maakt het des te belangrijker om te kiezen voor een serieuze fokker die aangesloten is bij een van de erkende Neder-landse rasverenigingen en om vanaf het begin te investeren in goede so-cialisatie en training.

Foto met dank aan
Marnie Harrell
Shadymist Kennel, LLC

Foto met dank aan
David A Ring

Trainbaarheid

"De meeste Goldens zijn heel gemakkelijk te trainen en willen graag plezieren en interactie hebben met hun mensen. Ik raad altijd een goede puppygehoorzaamheidscursus aan om zowel de eigenaar als de puppy in de juiste richting te laten starten."

Julie Simmons
PrairieWyn Golden Retrievers

Golden Retrievers staan bekend om hun uitzonderlijke intelligentie en verlangen om te behagen. Dit maakt ze zeer trainbaar, zodanig dat ze vaak worden gebruikt als assistentiehonden en bij zoek- en reddingsacties. Ze werden natuurlijk oorspronkelijk gefokt als werkhonden, dus vanaf het allereerste begin werd verwacht dat ze commando's zouden leren en erop zouden reageren. Natuurlijk betekent dit niet dat je Golden Retriever geboren is met de kennis hoe hij moet zitten, blijven en volgen, of dat hij buiten moet plassen en poepen. Het aanleren van deze dingen is allemaal onderdeel van het bindingsproces met je nieuwe hond. Maar je mag hoge verwachtingen hebben van je Golden Retriever, en genieten van de beloningen van het trainen van een hond die snel leert en zich aanpast aan het leven binnen zijn menselijke roedel.

Enkele basiscommando's worden besproken in Hoofdstuk 6, maar je Golden Retriever is in staat om op een zeer hoog niveau te leren, wat een van de eigenschappen van het ras is die hen bijna menselijk maakt.

Verlatingsangst

Het feit dat je Golden Retriever zo gehecht is aan zijn mensen betekent dat het ras bijzonder vatbaar is voor verlatingsangst, omdat hij het niet kan verdragen om gescheiden te zijn van de mensen die zijn wereld vormen. Je Golden Retriever is echter een grote hond als hij volgroeid is, geneigd tot verharen en kwijlen, en hij vult elke beperkte ruimte waarin hij zich bevindt. Daarom is hij niet zo draagbaar als kleinere rassen en zullen er momenten zijn dat hij thuis moet blijven. Het is belangrijk om je hond vanaf jonge leeftijd aan deze noodzakelijke vereiste te laten wennen, zodat hij weet dat je terugkomt en hij zich comfortabel en veilig voelt als hij alleen is in zijn thuisomgeving.

Natuurlijk kun je, als je de ruimte hebt, overwegen om een andere hond als gezelschap voor je Golden te nemen, maar dit is een luxe die niet iedereen zich kan veroorloven. Je intelligente Golden Retriever beschouwt de andere hond misschien ook niet als een vervanging voor zijn mens.

De volgende symptomen kunnen door je hond worden vertoond als hij verlatingsangst ervaart:

- Overmatig kwijlen
- IJsberen
- Blaffen
- Janken
- Krabben aan deuren
- Vernielen van voorwerpen zoals speelgoed of meubels

Afgezien van het verontrustende aspect dat je hond stress ervaart, kunnen de destructieve elementen leiden tot zelfverwonding, vooral aan de nagels, poten en bek. Daarom is verlatingsangst iets dat je moet aanpakken als het je hond treft.

Noch straf noch positieve beloning zijn geschikte methoden om angst bij je hond te verminderen, aangezien beide de angst zullen verergeren. Er zijn echter enkele goede tips die kunnen helpen om je hond

geleidelijk te leren dat schei-
ding niet het einde van de
wereld is.

Foto met dank aan
Dylan Starer

Wanneer je je hond al-
leen laat, maak dan geen
grote drukte bij het afscheid
nemen. Dit zal zijn adrenali-
ne doen stijgen. Door ervoor
te zorgen dat je dit niet doet,
blijft hij in zijn gebruikelijke kalme toestand. Negeer
hem ook in eerste instantie
als je thuiskomt. Hem be-
groeten en veel aandacht
geven zal zijn angst verster-
ken. Wanneer hij na een paar minuten tot rust is gekomen, kun je hem
rustig begroeten.

Voordat je het huis verlaat, vinden veel eigenaren het effectief om
een langdurig gevuld speeltje zoals een Kong® te geven. Je kunt het vullen met nat hondenvoer, paté of pindakaas (maar controleer of het geen
xylitol als ingrediënt bevat). Door iets te hebben om op te kauwen en te
likken, leidt dit hem niet alleen af, maar komen er ook endorfines vrij, de
natuurlijke ontspanningsmiddelen van het lichaam.

Tussendoor kun je oefenen met weggaan, zodat je hond het geleidelijk niet meer associeert met lang alleen zijn. Begin met alleen je ver-
trekroutine uit te voeren, maar niet daadwerkelijk weg te gaan. Zodra
dit geen angst meer oproept, ga je verder met het verlaten van de kamer, maar blijf je slechts enkele seconden aan de andere kant van de
deur. Vergeet niet geen drukte te maken als je terugkomt, zelfs niet als
hij braaf was. Je kunt de tijd dat je hem achterlaat geleidelijk verlengen
tot enkele minuten. Zodra je de mijlpaal van een uur hebt bereikt zonder
zijn angst op te wekken, zou je geen problemen moeten hebben om hem
een hele ochtend of middag alleen te laten.

Ten slotte zijn er enkele natuurlijke producten op de markt die zijn
ontworpen om je huisdier kalm te houden. Deze kunnen worden verkregen bij je dierenarts of als producten zonder recept bij een dierenwinkel:

- **Feromonen:** "Dog appeasing pheromone" of "DAP" wordt door de
  moeder afgegeven om puppy's te kalmeren gedurende de eerste
  5 dagen na de geboorte. DAP is verwerkt in verschillende soorten
  producten, waaronder een stekkerverspreider, een spray en een
  halsband.

- **Caseïne**: Van nature aanwezig in de moedermelk, helpt caseïne pup-py's te ontspannen, en wanneer volwassen honden het innemen, brengt het het gevoel terug van getroost worden door hun moeder. Dit is verkrijgbaar in zowel tabletvorm als in droge hondenbrokjes.

- **L-tryptofaan:** Dit verhoogt de serotoninegehaltes in de hersenen. Serotonine is een natuurlijk voorkomende chemische stof die geluk-kige gevoelens stimuleert. Het duurt echter een paar weken voordat het zich opbouwt tot niveaus die een significant verschil maken, dus verwacht geen onmiddellijke verandering. Het is verkrijgbaar in zow-el tabletvorm als in droge hondenbrokjes.

Als je al het bovenstaande hebt geprobeerd en je dierenarts heeft gezondheidsproblemen uitgesloten, is de volgende stap het raadplegen van een hondengedragsdeskundige. Het voordeel hiervan is dat zij pre-cies kunnen zien wat er in je eigen huis gebeurt en persoonlijk advies kunnen geven dat past bij jouw specifieke situatie.

Kauwen

Kauwen is natuurlijk gedrag. Het heeft het positieve voordeel dat het je hond vermaakt en onderwijst, zijn tanden reinigt en pijn verlicht. Voor een jonge puppy met doorkomende tanden helpt kauwen bij het onge-mak, net als bij een menselijke baby. Het is daarom verkeerd om kau-wen te bestraffen als een gedragsprobleem; de eigenaar moet het eer-der in goede banen leiden zodat het minimale schade veroorzaakt aan hun huis en bezittingen.

Afgezien van het verlichten van de pijn van het tandjes krijgen, zijn puppy's meer geneigd om willekeurig te kauwen dan volwassen hon-den omdat ze hun nieuwe wereld verkennen, zich snel vervelen, moge-lijk angstig zijn terwijl ze zich aanpassen aan hun nieuwe leven, en ze niet zijn getraind om te weten waarop wel en niet mag worden gekauwd. Daarom moet je, wanneer je een puppy in huis haalt, verwachten dat dingen die binnen zijn bereik liggen, kunnen worden vernield, aangezien puppy's vanaf zeer jonge leeftijd scherpe tanden hebben. Het verstan-digste is om alle belangrijke of gevaarlijke voorwerpen buiten het bereik van de puppy te plaatsen. Als je jonge kinderen hebt, kan het een uitda-ging zijn om het speelgoed van het kind gescheiden te houden van dat van de puppy. In deze fase van de ontwikkeling van je hond kun je over-wegen om het kind en de hond, samen met hun spullen, gescheiden te houden door bijvoorbeeld een box te gebruiken voor de hond of het kind. Wees je ervan bewust dat knuffels van kinderen vaak harde ogen hebben die door de hond kunnen worden uitgetrokken en ingeslikt, wat een ernstige verstopping kan veroorzaken, dus deze mogen nooit worden achtergelaten waar de hond ze zou kunnen vinden.

Nu is het tijd om het voornemen aan te nemen om dingen in huis op te ruimen, vooral dingen met schadelijke batterijen zoals de afstandsbediening van de tv. Je vuilnisbak in de keuken is ook een geliefd doelwit voor je puppy, dus plaats deze achter een kastdeur, op een werkblad of in een bijkeuken die verboden terrein is. Traphekjes in huis kunnen je puppy ook binnen houden zonder de barrière van een gesloten deur.

Je puppy trainen om zich comfortabel te voelen in een bench kan een pluspunt zijn, want als je je hond een tijdje moet achterlaten, weet je dat hij het huis niet vernielt in je afwezigheid. Je kunt zelfs positief kauwgedrag aanmoedigen door hem een gevulde Kong® of hertengewei te geven om op te kauwen in zijn bench. Als hij geen toegestane kauwartikelen heeft, kan hij aan de tralies of het gaas van de bench zelf gaan werken.

Vergeet niet dat je Golden Retriever van nature graag wil behagen. Als je hem betrapt op het kauwen op iets ongepasts, gebruik dan een streng woord en verwijder het voorwerp. Geef hem dan onmiddellijk een toegestaan kauwartikel. Hij zal na verloop van tijd goedgekeurde kauwartikelen herkennen aan hun geur. Prijs hem wanneer zijn kauwgedrag op de juiste manier is gericht, en de les zal snel geleerd zijn.

Bewegingsbehoefte

"Jonge Golden Retrievers kunnen veel beweging aan. Een vermoeide puppy is een goede pup! Wandelingen buiten en korte hardloopsessies zijn uitstekende manieren om ze moe te maken."

Lanette Wright
Wright Mountain Golden Kennels

Een Golden Retriever nemen is niet iets om lichtvaardig te doen. Dit is geen zittend ras, ondanks het stereotype beeld van een Golden die languit voor de open haard ligt. Om deze staat van ontspannen gelukzaligheid te bereiken, zal je Golden Retriever zijn dagelijkse portie beweging nodig hebben. Voor een volwassen hond wordt een stevige wandeling van minstens één uur per dag aanbevolen, en voor Goldens uit werklijnen die een hoger energieniveau hebben, moet dit worden verhoogd naar twee uur.

Een gebrek aan toewijding aan de bewegingsbehoeften van de Golden Retriever zal een ongewenst resultaat hebben. De hond kan vol ongerichte energie raken, destructief en luidruchtig worden, en obesitas ontwikkelen. De Golden Retriever is een ras dat dol is op eten, dus het moet die calorieën verbranden. Anders zal een te zware hond meer vatbaar zijn voor alle zwakheden van het ras, hartaandoeningen, diabetes, hoge bloeddruk en stress op hun heup- en ellebooggewrichten.

Aan de positieve kant is de snelste en meest plezierige manier om zelf fit en gezond te worden, het voldoen aan de bewegingsbehoeften van een Golden Retriever.

Hyperactiviteit

Het ligt niet in de aard van de Golden Retriever om hyperactief te zijn; ze worden vaker omschreven als een deurmat! Bepaalde bloedlijnen zullen echter hyperactiever zijn dan andere, omdat ze specifiek zijn gefokt als werkhonden waarbij dit temperament een pluspunt is in het veld. Als je de eigenaar bent van een hond met hyperactieve neigingen die aanhouden na de natuurlijk opgewonden puppyfase, wil je misschien enkele copingstrategieën toepassen.

Om te beginnen moet je je afvragen of je voldoet aan de bewegingsbehoefte van je Golden Retriever. Dit is een ras met veel energie, ontwikkeld om onuitputtelijk te zijn in het veld. Als je merkt dat je de hoeveelheid beweging die je hond nodig heeft hebt onderschat, en misschien tijd en werk je verhinderen om aan hun behoefte te voldoen, kan het de moeite waard zijn om een hondenuitlater in te huren, of een actieve sport met je hond te gaan doen, zoals joggen, wat zijn kilometers in een bepaalde tijdspanne zal verhogen, of regelmatig flyball of behendigheid. Beide zullen ook helpen om zijn drukke geest uit te putten. Het gebruik maken van het natuurlijke apporteervermogen van je hond door een bal mee te nemen naar het park zal ook helpen om zijn overtollige energie te gebruiken, net als de mogelijkheid om te rennen en te spelen met andere honden. Het is belangrijk dat intensieve beweging pas plaatsvindt nadat de puppy de leeftijd van zes maanden heeft bereikt, om geen schade toe te brengen aan zachte groeiende botten en gewrichten. Met behendigheid en flyball kan worden begonnen vanaf negen maanden tot een jaar.

Hyperactiviteit kan ook het gevolg zijn van een storing in de relatie die een hond heeft met zijn mens. Golden Retrievers hunkeren naar aandacht en kunnen erg gestrest raken als ze lange tijd alleen worden gelaten. Het is belangrijk om tijd te maken voor je hond. Ze hebben ook een duidelijk concept van hiërarchie nodig en moeten hun mens herkennen als de roedelleider. Dit verlicht stress bij de hond. Dus consistente, stevige en liefdevolle training vanaf het begin, evenals een regelmatige routine, zijn zeer belangrijke factoren voor het mentale welzijn van je hond, wat op zijn beurt zijn gevoel van kalmte beïnvloedt. Dit begrip zou moeten helpen om ongewenste hyperactiviteit bij je Golden Retriever te verminderen.

Belang van Socialisatie

"Laat je puppy nooit in contact komen met een dier dat je niet goed kent! Wat kan erger zijn dan een onschuldige puppy die naar een andere hond of kat huppelt, alleen om gebeten, gekrabd of erger te worden? Zorg er dus voor dat je alle socialisatie onder controle houdt. Ik denk dat een puppycursus het veiligst is!"

Marnie J Harrell
Shadymist Kennel

Golden Retrievers staan bekend als zeer sociale honden, zowel met mensen als met andere honden. Ze hebben echter een speciale taal met hun eigen ras, dus alle mogelijkheden om met andere Goldens te spelen moeten worden aangemoedigd. Socialisatie is van het grootste belang voor een gelukkige, gezonde hond. Een hond wiens leven wordt overschaduwd door angst voor andere honden of mensen kan angstagressie en stressgerelateerde gezondheidsproblemen vertonen. Gelukkig is dit niet de natuurlijke aanleg van een Golden Retriever, dus tenzij je een getraumatiseerde hond adopteert, of een hond hebt uit ongewenste bloedlijnen, zou socialisatie letterlijk een wandeling in het park moeten zijn met dit ras.

Er is een "Gouden Venster" voor het socialiseren van je hond, en dit is van geboorte tot 18 weken, waarin het brein van je puppy druk bezig is met het verwerken van al zijn nieuwe ervaringen. Je moet beginnen met het socialiseren van je Golden Retriever zodra hij thuiskomt. In het begin zal dit zijn met menselijk contact en blootstelling aan onbekende geluiden, maar zodra zijn vaccinaties compleet zijn, kan je hond beginnen met puppycursussen. Om erachter te komen waar deze in jouw omgeving plaatsvinden, raadpleeg je dierenarts. Ze kunnen cursussen houden in de dierenartsenpraktijk zelf; anders kunnen ze je adviseren over cursussen in de buurt. Puppycursussen zijn een ideale manier om op jonge leeftijd te beginnen met socialisatie. Je hond zal contact hebben met andere honden en mensen die hij niet kent, en je zult ondersteuning hebben tijdens deze belangrijke fase, evenals een introductie tot trainingscursussen die deel kunnen uitmaken van hetzelfde programma.

Bovenal moet socialisatie leuk zijn voor je hond. Waakzaam zijn voor wanneer een situatie slecht zou kunnen worden, is belangrijk. Leer de lichaamstaal van andere honden te herkennen, en als er binnen drie seconden geen positieve interactie plaatsvindt, moet de eigenaar met zijn hond weglopen voordat er een confrontatie ontstaat. Hoewel een Golden minder kwetsbaar is voor aanvallen dan een kleine hond, duren emotionele littekens langer dan fysieke, dus de eigenaar moet altijd op zijn hoede zijn tijdens deze belangrijke vroege vormende maanden.

Vergeet niet dat je hond ook leert van jouw lichaamstaal, dus hij zal je angst of bezorgdheid oppikken. Blijf opgewekt, beloon positief gedrag, houd je hond gefocust en geniet van de nieuwsgierige reis van je puppy in zijn nieuwe wereld.

Foto met dank aan
Linda Walkowiak

HOOFDSTUK 4
Hoe kies je een Golden Retriever

Kopen of adopteren?

Je hebt de voor- en nadelen van het delen van je leven met een Golden Retriever zorgvuldig afgewogen en bent klaar voor deze verbintenis. De eerste beslissing die je moet nemen is of je een pup bij een fokker gaat kopen, of een hond uit het asiel adopteert, waarbij het meestal om een volwassen hond gaat.

Als je van plan bent om met je hond shows te lopen, zal de twee-de optie vrijwel nooit mogelijk zijn, omdat showhonden volledige stamboompapieren nodig hebben van een erkende Raad van Beheer. Het is zeer zeldzaam dat een hond met dit soort stamboom in een asiel belandt, en als dit toch gebeurt, bijvoorbeeld doordat een eigenaar zijn hond heeft afgestaan vanwege veranderde omstandigheden, dan houdt het asiel vaak de papieren achter om de anonimiteit van de vorige eigenaar te beschermen. Dit geeft de hond een frisse start. Als je showambities beperkt zijn tot lokale, recreatieve shows, dan is het ontbreken van stamboompapieren geen probleem, maar als je had gehoopt deel te nemen aan officiële keuringen van de Raad van Beheer, dan zullen deze niet voor je openstaan. Bovendien laten asielen honden die in hun zorg komen meestal castreren of steriliseren in het belang van een stabiel leven in de toekomst. Gecastreerde of gesteriliseerde honden mogen niet deelnemen aan shows van de Raad van Beheer, hoewel je in sommige gevallen een speciale toestemming kunt aanvragen.

Showhonden hebben ook specifieke training en socialisatie nodig op jonge leeftijd, wat in hoofdstuk 15 wordt behandeld. Als je asielhond deze achtergrond mist, voelt hij zich waarschijnlijk niet op zijn gemak in de showring. Het allerbelangrijkste wanneer je een asielhond adopteert, is hem te helpen wennen aan zijn nieuwe leven binnen zijn comfortzone – en het verleden achter zich te laten. Als je van plan bent om met je hond te werken, is je beste keuze waarschijnlijk een hond uit specifieke werklijnen. Deze honden hebben mogelijk een hoger energieniveau dan hun huiselijke soortgenoten. Je hebt dan ook de mogelijkheid om je hond als pup te trainen. Aan de andere kant kan een hond uit werklijnen die te veel van het goede bleek voor een gezinswoning, wel in een asiel belanden. In deze gevallen vind je misschien een geschikte hond in een

Foto met dank aan Brandon Short

Foto met dank aan
Ryan Pierce

asiel die veel gelukkiger zal zijn met het werkende leven dat je hem biedt.
Je zult echter waarschijnlijk meer training moeten doen als de hond al
volwassen is. Maar van nature is de Golden Retriever intelligent en wil hij
graag behagen, dus zo'n hond omtrainen zal minder uitdagend zijn dan
bij bepaalde andere rassen.

Het valt niet te ontkennen dat het redden van een hond zijn eigen
voldoening met zich meebrengt. Door het leven van een ongewenste
hond te transformeren, doe je iets heel positiefs. Als je liever de puppyfase overslaat, heb je misschien het geluk een hond te vinden met basis-
training. Adoptie kan ook geschikt zijn voor een ouder persoon die voor-
uitkijkt naar de niet al te verre toekomst waarin hun mobiliteit mogelijk
niet meer gelijke tred houdt met de behoeften van een Golden Retriever.
De laatste jaren van een hond delen is een bijzondere tijd. Voor oudere
honden kan zelfs enige financiële ondersteuning komen van de asielorganisatie, omdat erkend wordt dat de dierenartskosten in dit hoofdstuk
van hun leven hoger zullen zijn.

Als je ervoor kiest om een pup te kopen, bedenk dan dat een Golden Retriever naar verwachting 10-12 jaar zal leven, dus je moet erkennen hoe je leven in deze periode kan veranderen. Je zult echter het plezier hebben om het hele leven van je hond met hem te delen, en hij zal echt een deel van de familie worden.

Onderzoek naar de fokker of het asiel

"Je wilt een fokker vinden die alle gezondheidsonderzoeken doet, waaronder heupen, ogen, ellebogen en hart, evenals alle aanvullende DNA-tests die beschikbaar zijn. Je moet ook vragen stellen zoals hoe de puppy's worden grootgebracht, hoe ze worden gesocialiseerd en hoe oud ze zijn wanneer ze naar hun nieuwe huis gaan."

Angel Martin
Goldensglen Goldens

Of je nu kiest voor het kopen of adopteren van je Golden Retriever, je hebt twee waardevolle bronnen tot je beschikking bij het vinden van je hondenvriend. Dit zijn de Raad van Beheer in Nederland en de Nederlandse Golden Retriever Club. Door goedgekeurde instellingen te raadplegen, of het nu fokkers of asielen zijn, kun je er zeker van zijn dat de hond die je kiest de beste kans heeft om gezond te zijn, en weet je dat je niet onbewust malafide organisaties steunt.

De meest verraderlijke val waarin de toekomstige eigenaar kan trappen, is het kopen bij een broodfokker. Het is algemeen bekend dat broodfokkerij onmenselijk is. Honden worden gehouden in onhygiënische, overvolle omstandigheden, en zwakheden in de bloedlijnen worden doorgegeven. Hierdoor kunnen deze honden uiteindelijk ernstig lijden of zelfs geëuthanaseerd moeten worden – vaak kort nadat ze gekocht zijn door nietsvermoedende eigenaren. De meeste potentiële kopers denken dat ze nooit zo onwetend zouden zijn om bij een broodfokker te kopen. Zulke instellingen worden echter bijna altijd gepresenteerd in een schone en nette kamer in een huis waar de pup aan de koper wordt getoond. Als een van de ouders wordt getoond, is dit mogelijk niet eens de echte ouder van de pup. De pup zal ook geen stamboom hebben als de fokker niet is goedgekeurd door de Raad van Beheer, wat een indicatie zou moeten zijn dat de honden niet worden gefokt uit lijnen die voldoen aan de rasstandaard. Papierwerk lijkt misschien niet belangrijk als je niet van plan bent om met je hond te showen, maar Golden Retrievers zijn vatbaar voor veel genetische gezondheidsproblemen die verantwoorde fokkerij uit de lijn zal elimineren. Hoe schattig een pup van een niet-geregistreerde fokker er ook uitziet, als hij genetische defecten met zich meedraagt, krijg je daar later gegarandeerd hartzeer van. Bovendien steun je met zo'n aankoop roekeloze fokpraktijken van mensen die het welzijn van de hond niet op de eerste plaats zetten. Als je een Golden Retriever uit een asiel adopteert, zul je merken dat er verschillende reddingsorganisaties zijn die zich uitsluitend richten op Labradors en Retrievers. Door te kiezen voor adoptie bij een gespecialiseerde instelling weet je dat men het ras goed begrijpt. Tijdens het verblijf in het asiel is er aandacht besteed aan de specifieke behoeften van de hond, en eventuele gezondheidsproblemen zijn aangepakt. Retrievers worden tijdens hun verblijf in de opvang meestal in pleeggezinnen geplaatst. Dit is minder verontrustend voor de hond dan tijd doorbrengen in kennels, en stelt de opvang in staat om de hond te beoordelen in de thuisomgeving, evenals hoe hij reageert op kinderen, katten en andere alledaagse prikkels. Je moet rekenen op een herplaatsingsvergoeding bij het adopteren van een asielhond. Dit dekt deels de kosten van castratie/sterilisatie, ontworming, vaccinatie en chippen van de hond, evenals eventuele dierenartskosten, verblijf, vervoer en voedingskosten. In de praktijk kunnen de kosten voor de verzorging van je hond dit bedrag ruimschoots overschrijden, en gezien de aankoopkosten van een rashond, mag de herplaatsingsvergoeding nooit als buitensporig worden beschouwd.

Aan de andere kant kunnen reddingsorganisaties door iedereen worden opgericht. Er bestaan helaas ook minder betrouwbare asielen, waar honden niet goed worden beoordeeld, hun gezondheidsproblemen niet worden aangepakt — of zelfs verslechteren. Vaak zijn ze niet gecastreerd, ontwormd of gevaccineerd. Wees je ervan bewust dat het binnenbrengen van een ongevaccineerde asielhond in je huis een risico kan zijn als je andere honden hebt. Zelfs als je die niet hebt, is het hartverscheurend om je nieuwe asielhond te verliezen aan parvo, wat vooral bij puppy's een bijzonder risico is. Hoewel sommige honden gered moeten worden uit onbetrouwbare reddingsorganisaties, is er het ongelukkige aspect dat zulke goedbedoelde intenties effectief dergelijke praktijken in stand houden.

Informeer naar de ouders

Als je een pup koopt, heb je waarschijnlijk het nest bekeken en mogelijk je favoriet gereserveerd terwijl ze nog bij de moeder waren vóór het spenen. De fokker zal je alles hebben kunnen vertellen over de moeder, haar bloedlijnen en haar eigen persoonlijke gezondheid. De fokker is echter mogelijk niet de eigenaar van de vader. Je kunt misschien een afspraak maken om hem te zien; anders zul je zijn stamboom moeten controleren. Onderzoek bij beide ouders de bloedlijnen. Komen de puppy's uit werklijnen of zijn het voornamelijk gezelschapsdieren? Zijn er kampioenen in de stamboom waar je meer over kunt te weten komen? Wees voorzichtig met overmatige inteelt, waarbij dezelfde namen meerdere keren voorkomen, vooral in de stambomen van beide ouders. Dit kan wijzen op een hogere aanleg voor genetische ziekten. De fokker kan je certificaten tonen van de heup- en elleboogscores voor beide ouders, die vooral belangrijk zijn voor Golden Retrievers, maar wat betekenen deze?

Heupscores:

Een heupscore is een maat voor heupdysplasie. Dit is een erfelijke abnormale ontwikkeling van de heup die instabiliteit en laxiteit in het gewricht veroorzaakt, en de hond zal veel pijn hebben naarmate hij ouder wordt. Heupdysplasie zal niet zichtbaar zijn bij de pup, dus je moet naar de heupscores van de ouders kijken om te weten of hij genetisch vatbaar is om de aandoening te erven.

Scores variëren van 0 tot 106, en hoe lager de score, hoe beter. Fokdieren van Golden Retrievers moeten onder het rasgemiddelde van 11 scoren.

Elleboogscores:

Golden Retrievers zijn ook vatbaar voor elleboogdysplasie, die zich op dezelfde manier presenteert als heupdysplasie maar in de voorpoot, en leidt tot artrose van het ellebooggewricht.

Een elleboogscore varieert slechts van 0-3, waarbij 0 vrij is en 3 ernstig aangetast. Hoewel de twee ellebogen verschillende scores kunnen hebben, wordt slechts één nummer op het certificaat vermeld, en dit is de slechtste van de twee scores. Je zult op zoek zijn naar een score van nul bij beide ouders om er zeker van te zijn dat je hond geen risico loopt op erfelijke elleboogdysplasie.

Genetische tests:

Genetisch testen op erfelijke aandoeningen is een relatief nieuwe ontwikkeling in de hondenfokkerij. Het maakt het mogelijk om dragers van bepaalde aandoeningen — ook als ze zelf geen symptomen vertonen — uit te sluiten van de fok, of alleen te paren met honden die als vrij worden beschouwd. Een ogenschijnlijk onaangetaste reu en teef die beiden een recessief gen dragen, zullen nakomelingen produceren die aan de aandoening lijden. Aandoeningen die Golden Retrievers treffen en die door genetische tests kunnen worden opgespoord, zijn onder andere ICT-A (Ichthyosis), een overmatige schilferige huidaandoening, en PRA (Progressieve Retina Atrofie), die blindheid veroorzaakt.

In dit stadium hebben nog niet alle Golden Retriever-fokkers genetische tests laten uitvoeren op hun volwassen honden. Maar als een fokker dat wel heeft gedaan en de resultaten zijn goed, geeft dat extra gemoedsrust: de kans op nare verrassingen in het latere leven van je hond is dan veel kleiner.

Foto met dank aan
Nathan Howland

De pup bekijken

De spannende tijd is aangebroken om het nest puppy's te bezoeken waaruit je je nieuwe metgezel zult kiezen. Dit kan zijn wanneer de pups ongeveer 5-7 weken oud zijn en nog niet gespeend. Bij een Golden Retriever kan het erg moeilijk zijn om onderscheid te maken tussen deze lichte, kronkelende bolletjes vacht, aangezien het ras over het algemeen geen opvallende kenmerken heeft. Maar zelfs in dit stadium zijn er dingen waar je op moet letten.

De meest voor de hand liggende vraag die je jezelf zult hebben gesteld, is of je een jongen of een meisje wilt. Als je van plan bent om met je hond te showen of te fokken, zullen er heel andere verwachtingen aan worden gesteld, vergeleken met wanneer je gewoon op zoek bent naar een beste vriend. Als de Golden Retriever qua grootte echt aan de bovenkant zit van wat je huis aankan, wil je misschien een teef kiezen, aangezien deze als volwassenen over het algemeen kleiner zijn dan reuen. Teefjes kunnen ook minder uitbundig zijn. Als je niet van plan bent om met haar te fokken, moet je echter overwegen om haar na haar eerste loopsheid te laten steriliseren. Dit voorkomt ook de rommel van de half-jaarlijkse loopsheid en beschermt haar tegen baarmoederontsteking. Als je de voorkeur geeft aan een reu, wees dan bereid om hem eventueel ongewenst gedrag, zoals het markeren in huis, af te leren. Overweeg castratie als je niet wilt fokken en wilt voorkomen dat hij achter loopse teefjes aan gaat in het losloopgebied. De kleur van het nest zal over het algemeen lichter zijn dan hun volwassen vacht; voor een indicatie van hun volwassen kleur moet je echter naar de oren kijken. Deze kunnen er donkerder uitzien bij de pup en tonen de tint die de rest van zijn vacht als volwassene zal krijgen.

Je moet er zeker van zijn dat de pup die je aandacht trekt schoon is en niet ruikt. Zijn vacht moet zacht en zijdeachtig aanvoelen zonder korstjes of vlooien. Controleer zijn ogen en oren op afscheiding en voel aan zijn buik. Deze moet mollig zijn, maar niet hard. Als de buik opgezwollen is, kan dit wijzen op een wormprobleem.

Als je van plan bent om met je hond te showen, zoek je een pup die belooft aan de rasstandaard te voldoen, zonder ongewone markeringen. Dit wordt verder besproken in hoofdstuk 15. En als je op zoek bent naar een werkhond, wil je de kandidaat met de meeste energie uitkiezen. Als je echter op zoek bent naar een gezelschapshond, moet je gewoon vertrouwen op een klik. Het is een van die dingen die je niet echt kunt omschrijven - je weet gewoon dat deze specifieke pup voorbestemd is om deel uit te maken van je leven.

Overwegingen bij een asielhond

"Wat betreft asielhonden; het is belangrijk te begrijpen dat de meer-derheid van deze honden niet door verantwoordelijke fokkers is gefokt, vaak kunnen ze komen met medische en/of gedragsproblemen. Dat betekent niet dat ze geen goede huisdieren kunnen zijn, maar het betekent wel dat ze meer zorgvuldigheid kunnen vereisen met betrekking tot verzorging en training."

Gina Carr
Brier Golden Retrievers

Als je hebt besloten voor een asielhond te gaan, en het geluk hebt gehad er een te vinden waarmee je een klik voelt en die een goed thuis nodig heeft, kun je allereerst verwachten dat er een huiscontrole plaatsvindt. Dit is minder intimiderend dan het klinkt. De medewerker van het asiel die je thuis bezoekt, komt niet controleren of er stof op de deurposten ligt. Hij of zij kijkt simpelweg of je woont waar je zegt te wonen, of je huurovereenkomst (als je huurt) honden toestaat, en of je huis en tuin veilig zijn en vrij van gevaarlijke voorwerpen. Ook wordt gekeken of je woning geschikt is voor een grote hond, en of iedereen in het gezin goed heeft nagedacht over de verantwoordelijkheden en basiskennis heeft van wat een hond nodig heeft. Als je eerder honden hebt gehad, zelfs Golden Retrievers, moet je je niet gepatroniseerd voelen door een huiscontrole, aangezien het simpelweg aangeeft dat het asiel zijn zorgplicht serieus neemt en geen hond wil plaatsen in een situatie waarin hij mogelijk terugkeert naar het asiel wanneer dingen niet werken. Dat gezegd hebbende, een positief aspect van het adopteren van een asielhond is dat wanneer het onvoorziene toch gebeurt, het asiel volledige ondersteuning biedt en de hond terugneemt en een ander thuis voor hem vindt. Dit is zelfs meestal een voorwaarde die je accepteert bij het adopteren van een asiel. e bent niet de eigenaar van de hond en mag hem niet zomaar zelf herplaatsen zonder toestemming van het asiel. De organisatie heeft zich namelijk voor de rest van zijn leven aan hem verbonden, om te garanderen dat hij nooit meer wordt achtergelaten — en altijd een liefdevolle en verantwoordelijke eigenaar krijgt. Zorg er vóór de huiscontrole voor dat je alle nodige aanpassingen aan je tuinafscheiding hebt gedaan om ervoor te zorgen dat een grote hond niet kan ontsnappen. Als je je huis huurt, zorg er dan voor dat je je huurovereenkomst bij de hand hebt. Als je een van deze dingen niet doet, zal de huiscontroleur moeten terugkomen, wat de adoptie zal vertragen en je zou zelfs de hond kunnen verliezen die je mogelijk hebt gereserveerd.

Als je al honden hebt, moet je mogelijk deelnemen aan een kennismakingssessie voorafgaand aan de adoptie, om te controleren of je honden waarschijnlijk met elkaar overweg kunnen. Dit is meestal op neutraal terrein, aangezien de nieuwe hond in het nadeel zou zijn bij deze beoordeling als het zou plaatsvinden in het huis van je bestaande hond.

Je asielhond heeft mogelijk speciale aandacht nodig wanneer je hem of haar thuisbrengt. Hij kan zich aanvankelijk onzeker voelen

Foto met dank aan Travis Brady

in zijn nieuwe omgeving en dit kan zich uiten in gedragsproblemen die simpelweg deel uitmaken van het overgangsproces. Als je een andere hond hebt, kunnen ze zelfs vechten, en ben je misschien klaar om de nieuwkomer op te geven. Maar met geduld en gezond verstand zouden deze aanvankelijke aanpassingsproblemen moeten worden overwonnen. Een goede asielorganisatie staat altijd voor je klaar om je te ondersteunen, omdat het in ieders belang is ,vooral dat van de hond, dat de regeling succesvol verloopt. Als problemen aanhouden, kan een gedragsdeskundige worden ingeschakeld om te zien waar dingen beter kunnen worden gedaan. Dit betekent niet dat je hebt gefaald, maar is een praktische stap om de situatie te verbeteren. De asielorganisatie kan professionele hulp regelen en zelfs betalen, mocht dit nodig zijn.

De meeste adopties verlopen echter probleemloos, en je nieuwe hond zal je al snel overladen met zijn waardering voor het nieuwe leven dat je hem hebt gegeven. Golden Retrievers zijn over het algemeen een ontspannen en aanpasbaar ras, en in geen tijd zal het lijken alsof hij altijd al deel heeft uitgemaakt van je familie.

HOOFDSTUK 5
Voorbereidingen voor een Nieuwe Hond

Je Huis Voorbereiden

"Doe de 'babykruip' door je huis! Net zoals ouders hun huis baby-proof maken, moet jij je huis puppyproof maken! Als jij het kunt zien, beklimmen, bijten of bereiken en het bevindt zich op minder dan dertig centimeter van de grond, dan kan je puppy dat ook!"

Marnie J Harrell
Shadymist Kennel

Of je nu klaar bent om een acht weken oude puppy in je huis te verwelkomen, of een oudere hond uit het asiel, de weken vooraf-gaand aan deze spannende dag moeten worden gebruikt om ervoor te zorgen dat je huis klaar is voor de nieuwe aanwinst.

Als je al een hond of honden hebt, voel je je misschien al helemaal voorbereid. Er zijn echter nog steeds een paar dingen om rekening mee te houden. Bij het beveiligen van je tuin moet je rekening houden met de grootte en levensfase van de hond die je gaat verwelkomen. Als je een puppy mee naar huis neemt, is je tuin mogelijk niet veilig genoeg, zelfs als je al een hond hebt. Puppy's zijn uiteraard klein en kunnen onder je hek door kruipen of door kleine gaten die voor je oudere hond geen ont-snappingsroute zouden vormen. Ze hebben ook nog geen territoriaal besef, en hun natuurlijke nieuwsgierigheid zal hen eerder geneigd ma-ken om uit te breken. Dit geldt ook voor een oudere hond uit de opvang. Hij weet nog niet waar hij thuishoort en zal misschien proberen terug te keren naar de plek die hij het laatst kende. Zorg er dus bij een oudere hond voor dat het hek van je tuin hoog genoeg is om te voorkomen dat hij eroverheen springt. Twee meter wordt aanbevolen. Als je bestaande hek niet zo hoog is, gebruik dan de weken voor de komst van je hond om het te vervangen of om er trellis of gaas aan toe te voegen. Vergeet ook niet dat honden zullen graven, dus zorg ervoor dat het hek helemaal tot aan de grond komt. Als je nieuwe hond een vastberaden graver blijkt te zijn, moet je het hek misschien in de grond verankeren of tegels rond de omtrek van je tuin leggen.

Foto met dank aan
Troy Folsom

Een Golden Retriever is een rashond en daardoor een doelwit voor dieven. Zorg ervoor dat je twee grendels, boven en onder, aan de binnenkant van je tuinhek plaatst als deze er nog niet zijn. Een slot is nog beter. Hoewel deze maatregelen een vastberaden dief niet zullen tegenhouden als je hond zonder toezicht in de tuin wordt gelaten, voorkomt het wel een diefstal uit gelegenheid.

Je hond zal je tuin gebruiken voor zijn behoefte en of je nu kinderen hebt of niet, het dagelijks opruimen van de uitwerpselen is erg belangrijk voor de gezondheid van jezelf en je gezin. Bedenk waar je het wilt weggooien en of je misschien je tuin wilt verdelen zodat je kinderen kunnen spelen in een gedeelte waar de hond nooit toegang toe heeft. Je kunt ook gebieden zoals een zwembad of vijver afschermen, aangezien je Golden Retriever magnetisch aangetrokken zal worden tot water. Zorg er ook

Foto met dank aan
Brandon Short

voor dat je alle potentieel gevaarlijke voorwerpen verwijdert en repareer bijvoorbeeld gebroken glas in een kas.

Als je een fanatieke tuinier bent, controleer dan of de planten in je tuin niet giftig zijn voor honden. Als dat wel zo is, overweeg dan om ze te verwijderen of te verplanten naar een gebied waar de hond geen toegang toe zal hebben. Als je slakkenkorrels of rattengif gebruikt, zul je deze moeten verwijderen en op zoek moeten gaan naar natuurlijkere methoden van ongediertebestrijding.

Denk binnenshuis na over de ruimtes in huis waar je nieuwe hond toegang toe zal hebben en waar je nieuwe hond zal slapen. Sommige eigenaren hebben liever dat hun honden niet naar boven gaan. In dat geval kun je een traphekje plaatsen terwijl je hond de grenzen leert kennen. Traphekjes kunnen ook bepaalde kamers afschermen, omdat je misschien wilt dat je woonkamer vrij blijft van hondenharen, aangezien Golden Retrievers zo overvloedig verharen. Het is altijd het beste om de toegang van je hond vanaf het begin te beperken, zodat hij nooit mist wat hij nooit heeft gehad, in plaats van later te beslissen dat je liever je bed niet deelt met een hond.

In hoofdstuk 4 werd besproken hoe puppy's op alles kauwen. Het zit in hun aard en verzacht de pijn van het tandjes krijgen, biedt troost en verlicht verveling. Daarom is het nu tijd om elk verplaatsbaar voorwerp dat je niet vernield wilt zien te verwijderen. Als je dure meubels hebt in de kamers waar je hond toegang toe zal hebben, kun je overwegen om deze tijdelijk op te slaan en goedkope of tweedehands items aan te schaffen. De puppyfase duurt niet eeuwig en je hond moet niet worden gestraft terwijl hij nog leert waarop hij wel en niet mag kauwen.

Je nieuwe hond zal onvermijdelijk ook ongelukjes hebben binnenshuis terwijl hij zindelijk wordt gemaakt. Als je harde vloeren hebt, zijn deze gemakkelijk genoeg schoon te maken, maar als je tapijten hebt en deze wilt behouden, kun je overwegen om te investeren in een tapijtreiniger zodat je kalm en snel kunt omgaan met eventuele vlekken op het tapijt. Dit is niet alleen een hygiënekwestie, maar een hond zal terugkeren naar plekken die naar zijn eigen urine ruiken, dus het is de moeite waard om voorbereid te zijn.

Als je hebt besloten om je hond bench-training te geven, denk dan na over waar je de bench wilt plaatsen. Dit moet ergens zijn zonder tocht en waar de hond zich comfortabel zal voelen. Als je hem in de woonkamer toelaat, dan is een gezellig hoekje waar hij zich als onderdeel van het gezin kan voelen in zijn eigen veilige ruimte ideaal. Als hij meer beperkt moet worden, kies dan een warm maar niet te heet deel van de keuken, waar hij alles kan zien wat er gebeurt maar niet te veel wordt gekweld door de geur van gebakken spek. Of een plek in de hal, uit de tocht, aangezien honden vaak graag bij de voordeur liggen. Je kunt een deken over de bench leggen om meer een hol voor je hond te creëren en de voorkant 's nachts bedekken zodat hij wat aanwijzingen heeft over wanneer hij moet gaan rusten.

Het volgende waar je over moet nadenken is hoe je je hond wilt vervoeren, en voor de meeste mensen zal dit in de auto zijn. Hoofdstuk 7 behandelt alle aspecten van het reizen met je hond, en wanneer je hebt besloten of je een bench, een hondenrek of een tuigje wilt gebruiken, zul je je gekozen accessoire van tevoren moeten installeren, voordat je je nieuwe hond ophaalt. Leg ook wat handdoeken en doekjes in de auto, voor het geval je hond wagenziek wordt of, in het geval van een puppy, een ongelukje heeft op weg naar huis. Als je een langere reis moet maken, zorg dan voor een lijn en halsband of tuigje, een drinkbak en een fles water, zodat je onderweg kunt stoppen om je hond te laten drinken en een plaspauze te geven.

Als je in de weken voor de komst van je nieuwe hond tijd steekt in de voorbereiding van je huis, zorg je voor een soepele overgang. Zo wordt eventuele stress door het brengen van een dier in een menselijke leefomgeving opgevangen en zoveel mogelijk beperkt.

Boodschappenlijst

Foto met dank aan
Julie & Holly Simmons
PrairieWyn Golden Retrievers

Het kan leuk zijn om te winkelen voor een nieuwe hond, maar wanneer je een dierenwinkel binnenstapt, kan het assortiment aan accessoires behoorlijk overweldigend zijn! Dus, wat heb je eigenlijk nodig voor je nieuwe hond, en specifiek voor een Golden Retriever?

Benches worden ook besproken in hoofdstuk 7. Of je nu besluit je hond benchtraining te geven of niet, het is altijd handig om een bench in huis te hebben. Dit kan een optioneel hol voor je hond in huis bieden, het kan worden gebruikt voor reizen, voor het scheiden van je hond in bepaalde situaties, om je huis te beschermen tijdens korte afwezigheden, en voor ziekenhuisopname, bijvoorbeeld als je hond een blessure moet laten rusten. Je kunt draad- of stoffen benches kopen, die beide kunnen worden ingeklapt voor opslag of transport. Draadbenches worden ook geleverd met hoezen, maar je kunt ook gewoon een deken of handdoek gebruiken voor hetzelfde doel.

Een volwassen Golden Retriever heeft een extra grote bench nodig, die in elk geval misschien te groot is voor je auto, maar een bench van deze grootte aanschaffen voor een puppy kan hem onzeker laten voelen. Een bench van middelmatige grootte die je in de auto kunt gebruiken en die hem door zijn eerste negen maanden zal helpen, is dus een goed begin.

Het item dat het leukst is om te kiezen, is het bed van je hond. Houd er rekening mee dat je hond zijn bed in de beginfase kan vernielen, dus het is misschien beter om een goedkoper bed te kiezen zolang de hoes duurzaam lijkt. Je kunt ook de voorkeur geven aan een plastic bed, omdat deze bestand zijn tegen kauwen en je ze comfortabel kunt maken met oude dekens of handdoeken die gemakkelijk te wassen zijn. Als je een puppy koopt, denk je misschien al aan zijn volwassen formaat. Maar tegen de tijd dat hij groot is, heeft hij zijn bed waarschijnlijk al vernield. Daarom voelt hij zich vaak veiliger in een bed dat niet veel groter is dan wat hij nu nodig heeft. Zodra hij zijn scherpe puppytanden kwijt is en heeft geleerd over ongepast kauwen, kan hij doorstromen naar dat dure, luxueuze bed in een extra grote Golden Retriever-maat!

Wanneer je je hond ophaalt, is de kans groot dat hij nog geen eigen halsband en lijn heeft, dus dit is iets wat je moet uitkiezen. Kies een halsband met een breed aanpassingsbereik als je je hond nog niet hebt om zijn maat te weten. Kies echter geen slipketting; dit is te hard voor je puppy. Je hebt ook een korte cliplijn nodig. In dit stadium wil je geen flexilijn. Deze lijnen zijn populair maar omstreden omdat ze mogelijk niet goed vergrendelen of verstrikkingen kunnen veroorzaken, en ze moedigen geen goede training aan. Ze hebben hun nut voor bepaalde kleine volwassen honden met een slechte recall, maar je Golden Retriever is intelligent genoeg om te leren geen flexi-lijn nodig te hebben, en in ieder geval zijn zijn grootte, kracht en uitbundigheid niet geschikt om tot het einde van een lange lijn te rennen.

Een tuigje is altijd een goed idee omdat het veiliger is dan een halsband en lijn. Een hond kan uit zijn halsband glippen, en als de lijn aan de halsband is bevestigd, kan dit druk veroorzaken op de kwetsbare botten van de nek. Een tuigje verdeelt en verspreidt die druk over het borstgebied, dat beter is uitgerust om ermee om te gaan. Bij het trainen van je hond gebruik je een halsband en lijn, maar wanneer je hem meeneemt naar onveilige omgevingen, vooral in de buurt van wegen, wordt een tuigje aanbevolen. Je hebt een tuigje nodig dat past bij zijn huidige grootte. Hoewel er een behoorlijke aanpasbaarheid in een tuigje zit, kun je verwachten dat je grotere maten moet kopen naarmate je Golden Retriever groeit. Bij een getrainde volwassen hond zul je waarschijnlijk merken dat je geen tuigje meer nodig hebt voor je Golden, aangezien ze uitstekend terugkomen op commando en over het algemeen los worden uitgelaten.

Je nieuwe hond heeft minstens één voerbak nodig en een aparte bak voor water, die altijd beschikbaar moet zijn. Deze hoeven niet per se uit de dierenwinkel te komen; elke zware kom in de keuken zal volstaan.

Als je voer koopt voor je nieuwe hond, zorg er dan voor dat je hebt gecontroleerd welk voer hij al krijgt, aangezien elke verandering zeer geleidelijk moet plaatsvinden. De fokker stuurt je misschien naar huis met wat van het huidige voer van je hond. Als je hem op iets anders wilt overzetten, wacht dan een paar weken terwijl hij went, en pas dan kun je een beetje van het nieuwe voer mengen met zijn huidige voer, waarbij je de verhouding geleidelijk verhoogt over een periode van een paar weken. Dit beschermt tegen eventuele maagklachten door een plotselinge verandering van dieet.

Hoewel het leuk is om te winkelen voor een nieuwe hond, kunnen de kosten ontmoedigend lijken, maar er zijn manieren om dit tot een minimum te beperken. Om te beginnen hoeft niet alles wat je koopt nieuw te zijn. Zolang je tweedehands spullen grondig wast, kun je de dingen op je boodschappenlijst vinden op rommelmarkten, online veilingsites, in advertenties of bij vrienden en familie. Zoals al gezegd, kun je ook oude handdoeken en dekens gebruiken. Je hond heeft geen idee hoeveel je hebt uitgegeven aan zijn comfort. Zolang het veilig en schoon is, zal hij het waarderen of het nu uit een designerwinkel of van een rommelmarkt komt! Deze voorkeuren zijn puur je eigen keuze.

Je Nieuwe Golden Retriever Voorstellen aan Andere Honden

Foto met dank aan Kristin Stohl-Carlson

Als je al een hond of honden in huis hebt, zal het binnenbrengen van een nieuwkomer in het gezin misschien niet zo goed vallen bij de aanwezige honden als de opwinding die je zelf voelt. Maar er is een juiste en een verkeerde manier om dit aan te pakken.

Als je een hond adopteert uit een asiel, heeft hij je bestaande hond misschien al ontmoet tijdens een "Meet and Greet", maar omdat dit waarschijnlijk op neutraal terrein is geweest, zal de interactie tussen de honden mogelijk meer accepterend zijn geweest dan wanneer je nieuwe hond de thuisomgeving van een aanwezige hond betreedt.

Als je nieuwe hond en de aanwezige hond al de kans hebben gehad om elkaar te leren kennen op neutraal terrein, zoals tijdens een hondenwandeling, is dit een goed begin. In de meeste gevallen zullen ze elkaar echter voor het eerst ontmoeten wanneer je je nieuwe hond thuisbrengt.

Om te beginnen is het een slecht idee om de voordeur te openen met je nieuwe hond en ze voor het eerst binnen te laten ontmoeten op het territorium van de aanwezige hond, zelfs als je aanwezige hond gewend is aan bezoekende honden. Om de beste start te maken, moet je je aanwezige hond in de tuin brengen en hem een tijdje afleiden, terwijl je partner of een helper de nieuwe hond binnen laat wennen. Zodra de nieuwe hond tot een redelijk niveau is gekalmeerd, laat je je aanwezige hond binnen om zijn nieuwe vriend te ontmoeten. Probeer de verleiding te weerstaan om te veel in te grijpen bij hun eerste contact met elkaar en geef ze voldoende ruimte. De sfeer kan gespannen lijken en er kan zelfs wat geruzie zijn; dit is allemaal onderdeel van het uitzoeken van de nieuwe dynamiek. Je moet er zijn om de situatie te monitoren en de honden indien nodig te scheiden, maar een te strenge aanpak zal de honden niet helpen om hun eigen relatie op te bouwen, dus je moet alleen ingrijpen als het echt moet. De honden samen in de afgesloten tuin laten is een goede volgende stap, omdat ze beter geneigd zullen zijn om met elkaar overweg te kunnen in een minder besloten ruimte.

Als je aanwezige hond een volwassene is en je een puppy in huis hebt gebracht, kun je verwachten dat je bestaande hond de kleine deugniet in de eerste weken wat manieren zal bijbrengen. Je hoeft dus niet te schrikken als je oudere hond negatief reageert op de uitbundige invasie van de puppy in zijn persoonlijke ruimte. Het gebruik van een bench voor de puppy kan je oudere hond wat rust geven. Ze zullen het na verloop van tijd onderling uitzoeken, en het kan een voordeel zijn voor de puppy om niet alleen van jou training en socialisatie te krijgen, maar ook opvoeding van je volwassen hond.

Het voorstellen van je nieuwe Golden Retriever aan andere honden buiten het huis is een vitale fase in zijn leven als hij een puppy is, aangezien de eerste 14 weken van zijn leven cruciaal zijn voor socialisatie. Als hij tijdens deze vitale periode niet is blootgesteld aan veel verschillende omgevingen en aan andere mensen en honden, kan dit ertoe leiden dat hij gedurende zijn hele leven angstig is. Dus als je je puppy op acht weken krijgt, heb je zes belangrijke weken om te vullen met zoveel mogelijk sociale mogelijkheden. Aangezien je puppy nog geen volledige immuniteit heeft van zijn eerste vaccinaties, zal hij nog niet naar openbare plaatsen kunnen gaan waar niet-gevaccineerde honden zijn geweest; dierenartsen organiseren echter vaak puppycursussen die open zijn voor honden zodra ze de eerste van hun eerste vaccinaties hebben gehad, dus je kunt hiernaar informeren bij je dierenarts. Je puppy mag natuurlijk de honden van je vrienden ontmoeten, zolang die volledig gevaccineerd zijn.

Als je een asielhond hebt genomen, zal hij natuurlijk veel blootstelling aan andere honden hebben gehad, maar als hij in het verleden slechte ervaringen heeft gehad, kunnen er psychologische barrières zijn die overwonnen moeten worden. Je asielhond kan zelfs een fobie hebben voor bepaalde rassen als hij in het verleden is aangevallen. Hoewel de meeste asielhonden deze bagage niet meenemen, kan het soms nodig zijn je hond zorgvuldig opnieuw te socialiseren. Dit doe je door positieve ervaringen te creëren, bijvoorbeeld met speelafspraken bij rustige, zorgvuldig gekozen honden uit je kennissenkring. Golden Retrievers worden vooral aangetrokken tot hun eigen ras, dus als je iemand kent met een rustige en zachtaardige Golden, zal dit een aanwinst zijn om je hond te helpen zijn angst te overwinnen. Wanneer je echter in het openbaar bent in ongecontroleerde situaties, zul je altijd een stap vooruit moeten denken bij het anticiperen op negatieve situaties en deze moeten afwenden zonder enig gevoel van paniek dat kan worden overgedragen op je hond. Leer de lichaamstaal van andere honden te lezen en loop altijd met je hond weg als het erop lijkt dat de situatie lelijk kan worden. Je moet goede ervaringen opbouwen voor je angstige hond en hij zal leren je te vertrouwen en zelfverzekerder worden. Het is echter jouw verantwoordelijkheid om je hond in het openbaar te muilkorven als hij de potentiële agressor is.

Je Nieuwe Golden Retriever Voorstellen aan Kinderen

Als je een Golden Retriever adopteert uit een asiel, zal de organisatie de hond eerst hebben beoordeeld en zal geen angstige hond plaatsen bij een gezin met kinderen vanwege het risico dat de hond zal bijten en ook erg gestrest zal zijn. Als je kinderen hebt en een betrouwbaar asiel je heeft toegestaan om een Golden Retriever van hen te adopteren, is de hond getest met kinderen en is je werk deels gedaan. Tenminste vanuit het perspectief van de hond. Het andere deel is het opvoeden van je kinderen.

Foto met dank aan
Curtis McCollough

In de weken voordat je nieuwe hond, of het nu een puppy of een volwassen Golden Retriever is, bij je komt, is het belangrijk om je kinderen mee te nemen om zoveel mogelijk kindvriendelijke honden te ontmoeten — vooral grotere honden. Omdat je Golden Retriever snel zal groeien als hij nog jong is, is het belangrijk dat je kinderen leren hoe ze een hond met respect moeten behandelen. Laat je kind zien hoe het de hond zachtjes moet benaderen, door een gesloten vuist aan te bieden voor de hond om aan te snuffelen. Laat je kind dan de achterkant van de nek van de hond aaien. Leer ze nooit in de hond te prikken of aan zijn oren, staart of vacht te trekken, en nooit tegen de hond te schreeuwen, of hem aan te raken wanneer hij eet, kauwt of slaapt. Zorg ervoor dat het kind weet dat de manier om met een hond te spelen is met veilig speelgoed, omdat ruw spel agressie aanmoedigt. Als je kind ouder is, laat dan zien hoe ze betrokken kunnen zijn bij de dagelijkse verzorging, het voeren, verzorgen, spelen, wandelen en trainen van de hond met jou.

De dynamiek tussen een kind en een hond is niet hetzelfde als met een volwassene. Een hond kan proberen een kind te domineren, bij het vaststellen van zijn plaats in de pikorde tussen de volwassen verzorger en het ondergeschikte kind. Dit kan ertoe leiden dat de hond naar het kind snapt of gromt, wat een grote barrière vormt voor een gelukkige relatie. Gelukkig staat de Golden Retriever bekend als een perfecte gezinshond, en is hij ook zeer trainbaar en gretig om te behagen, dus het leren van de hond zijn plaats in de roedel zou niet te moeilijk moeten zijn. Als de problemen echter aanhouden, is het de moeite waard om een gedragsdeskundige te raadplegen om te zien of er iets beter kan worden gedaan voordat het ongewenste gedrag te diep geworteld raakt.

Het is de moeite waard om in een gezinssituatie met jonge kinderen in gedachten te houden dat het toestaan van de hond om in de slaapkamer bij zijn volwassen mensen te slapen, of zelfs op hun bed, waanideeën van superioriteit bij de hond kan aanmoedigen. Daarom moet de hond vanaf het begin getraind worden om beneden te slapen. Het betrekken van de kinderen bij het trainen en voeren van de hond helpt ook om hun gezagspositie boven de hond te vestigen, zodat ze minder snel uitgedaagd zullen worden.

Voor een kind is opgroeien met een hond een unieke opvoeding. Het leert zorg en respect, zachtheid en verantwoordelijkheid. Het moedigt lichaamsbeweging aan, en studies tonen zelfs aan dat blootstelling aan honden allergieën en astma bij jonge kinderen vermindert. Het leert een kind ook hoe om te gaan met het hartzeer van verlies, een moeilijke maar noodzakelijke les voor het latere leven. De keuze voor een Golden Retriever geeft je kind niet alleen een beste vriend, maar vormt ook zijn of haar karakter en bereidt hen voor op de toekomst.

HOOFDSTUK 6
Training

"Goldens zijn zeer gemakkelijk te trainen. Een van hun beste eigen-schappen is hoezeer ze mensen willen behagen en hoe graag ze doen wat hun baasje van hen vraagt."

Angel Martin
Goldensglen Goldens

Zoals we eerder in dit boek hebben gezegd, is je Golden Retriever een intelligente hond. De eigenschap die in de rasstandaard offi-cieel wordt gebruikt om hem te beschrijven is "meegaand", wat betekent dat hij graag wil behagen. Hij wacht dus alleen maar op jouw instructies! Er is een reden waarom Golden Retrievers worden ingezet als hulphon-den en bij zoek- en reddingsacties, en dat is omdat ze zo trainbaar zijn. Vanaf het begin kun je hoge verwachtingen stellen aan je hond. Ook al mik je niet op een tv-talentenjacht, een goed getrainde hond zal veel ge-makkelijker in je leven passen, en je hond zal op zijn beurt gelukkiger zijn. Bij een grote hond zoals een Golden Retriever is training de sleutel tot een harmonieuze familierelatie.

De sleutel tot het leren gehoorzamen aan jouw regels ligt in associ-atief leren. Dit is een principe dat verbindingen in het brein van je hond creëert, zoals bewezen in het geval van de hond van Pavlov. In het begin van de 20e eeuw merkte een experimentele wetenschapper genaamd Ivan Pavlov, die de spijsverteringsfunctie bij honden onderzocht, dat zijn proefhonden gingen kwijlen wanneer ze voedsel kregen aangeboden. Hij introduceerde vervolgens een specifiek geluid tijdens de voedertijden en ontdekte dat de honden, zelfs wanneer er geen voedsel aanwezig was, nog steeds kwijlden bij het horen van het geluid. Dit toonde aan dat een hond associaties kan vormen in zijn brein, een proces dat "klassieke con-ditionering" wordt genoemd.

Onthoud dat de sleutel tot succesvolle training is om je hond zijn aandacht op jou te laten richten. Neem een tip van Pavlovs hond dat voedsel een uitstekende motivator is. Golden Retrievers zijn zeer voed-selgericht, dus trainen met een beloning in je hand zal snel resultaten opleveren. Je kunt gewoon een deel van zijn normale brokken gebruiken voor de training; anders kun je kleine trainingsbeloningen of kleine stuk-

Foto met dank aan
Dylan Starer

jes gebakken lever gebruiken, zodat je niet te veel extra calorieën aan het dagelijkse rantsoen van je hond toevoegt. Wat je ook kiest, je moet zijn maaltijdporties dienovereenkomstig aanpassen. Complimenten betekenen ook veel voor je hond, en naarmate je vordert, kun je de beloningen verminderen en hem gewoon belonen met veel aandacht voor het doen van het juiste.

Zindelijkheidstraining

Foto met dank aan Amanda and Erik Allworth fotograaf – Kristina Noel Photography

Voor de doeleinden van deze sectie gaan we ervan uit dat je een pup in huis haalt. Als je echter een volwassen hond hebt geadopteerd of gekocht die misschien in kennels heeft geleefd of niet goed is getraind, is de methode van zindelijkheidstraining grotendeels hetzelfde. Het verschil tussen een pup en een volwassen hond is dat de pup nog geen volledige controle heeft over zijn blaas en darmen. Daarom kan het zijn dat, hoe graag hij je ook wil behagen, hij toch per ongeluk binnen zijn behoefte doet als hij niet vaak genoeg naar buiten wordt gebracht — ook al begrijpt hij dat buiten de juiste plek is. Aan de andere kant heeft een volwassen hond in de meeste gevallen wel de fysieke controle, maar zijn gewoonten zijn dieper ingesleten. In beide gevallen is geduld de sleutel, en succes zal vroeg of laat volgen.

Er zijn verschillende strategieën om je hond zindelijk te maken. De eerste is actief toezicht, altijd klaar staan om je hond naar buiten te brengen; de tweede is om de toegang van je hond tot het huis in de beginfase te beperken door deuren te sluiten, speelhokken te gebruiken of traphekjes te installeren; en de derde is benchtraining. Al deze benaderingen vereisen echter een gepland schema van toiletpauzes, waaronder extra pauzes na het eten, drinken, spelen of wakker worden uit een dutje.

Het basisprincipe van zindelijkheidstraining is dat je hond door associatie leert wat de juiste plek is om te plassen of te poepen. In dit opzicht wordt hij geleid door twee dingen: geur en textuur. Het gebruik van puppypads binnenshuis kan contraproductief zijn, omdat de hond zachte oppervlakken zoals meubels en kleding zal associëren met aanvaardbare plaatsen om zijn behoefte te doen. Vanaf het begin moet hij de textuur van gras onder zijn poten herkennen om hem aan te moedigen buiten zijn behoefte te doen. Daarom is het van vitaal belang om hem in de beginfase zeer regelmatig naar buiten te brengen, zodat hij voldoende gelegenheid heeft om op de juiste plaats zijn behoefte te doen. In eerste instantie zal hij niet weten wat er van hem verwacht wordt, dus is geduld nodig om te wachten op dat moment waarop hij begint met zijn behoefte te doen. Op dit moment, en niet eerder, kun je je commandowoord gebruiken (bijv. "Plasje doen") zodat hij het woord associeert met de handeling. Je kunt dit commando gebruiken zodra je hond het heeft geleerd, om de handeling te versterken. Gebruik het niet voordat hij het begrijpt, want dan werkt het commando niet en raakt de associatie verloren. Nadat je hond op de juiste plaats zijn behoefte heeft gedaan, moet je veel ophef over hem maken en hem een beloning geven. Als je met een clicker traint (wat een methode is om associatief leren te versterken), klik dan en beloon onmiddellijk nadat je hond zijn behoefte heeft gedaan. Leid hem niet af met lof en beloning terwijl hij daadwerkelijk bezig is, want dan maakt hij het misschien niet af.

Zodra je hond een tijdje buiten naar behoren zijn behoefte heeft gedaan, wordt de taak gemakkelijker, omdat hij plekken heeft gecreëerd waar hij zijn geur herkent. Je zult misschien ook merken dat hij van nature geneigd is om buiten te plassen om de geuren te bedekken van eventuele passerende wilde dieren of buurtkatten die je tuin hebben bezocht.

Terwijl de gevoelige neus van je hond op deze manier in je voordeel kan werken, kan het een probleem zijn als hij binnenshuis zijn behoefte heeft gedaan en de bevuilde plek niet voldoende is schoongemaakt, omdat hij naar dit gebied zal terugkeren en opnieuw zijn behoefte zal doen. Het is belangrijk om een enzymatische reiniger te gebruiken om de ureum in het bevuilde gebied af te breken, en geen reiniger te gebruiken die ammoniak bevat, wat voor een hond naar urine ruikt. Je kunt het gebied daarna grondig reinigen met een tapijtshampooer als je er een hebt, om vlekken te voorkomen.

Een van de ergste fouten die een eigenaar kan maken bij het zindelijk maken van zijn hond is het gebruik van harde straffen. Je Golden Retriever leert door associatie, dus als hij gestraft wordt wanneer hij betrapt wordt op het doen van zijn behoefte binnenshuis, associeert hij de straf met het doen van de handeling in aanwezigheid van zijn mens, niet met het doen ervan op een ongepaste plaats. Hij kan dan een "stiekeme plasser" worden, die stiekem wegsluipt om privé binnenshuis zijn behoefte te doen. De juiste actie om te ondernemen wanneer je je hond op heterdaad betrapt, is om vastberaden "Nee" te zeggen en hem naar buiten te brengen waar je hem een geruststellend klopje kunt geven. Als je het bewijs vindt maar de handeling hebt gemist, is het moment voor strenge woorden voorbij, dus moet je gewoon schoonmaken en bij de volgende gelegenheid de positieve zindelijkheidstraining hervatten.

Geduldige en consistente training met voldoende toiletmogelijkheden zou snel moeten resulteren in een zindelijke hond, maar zorg ervoor dat je niet stopt met de zindelijkheidstraining van je hond wanneer je denkt dat hij het "snapt". De gewoonte moet diep ingesleten raken, dus je moet doorgaan met positieve bekrachtiging lang nadat je resultaten ziet. Als je voorheen zindelijke hond in enig stadium echter zou beginnen te regresseren en weer in huis zijn behoefte zou doen, is het de moeite waard om je dierenarts te raadplegen, aangezien dit symptomatisch kan zijn voor ziekte of infectie. Als het daarentegen een psychologisch probleem is, kan een gedragsdeskundige je helpen met een onverklaarbare verandering in de gewoonten van je hond. Voor een hond die zo intelligent is als een Golden Retriever, is regressie een ongebruikelijke stap, dus moet het altijd serieus worden genomen. Een voorheen zindelijke hond kent de regels en zal net zo bezorgd zijn over het ongenoegen dat hij jou bezorgt als jij bent wanneer je ontdekt dat hij opnieuw het huis bevuilt.

Hoe je "Zit" aanleert

Het eerste commando dat je je hond zult leren is "Zit". Dit is niet alleen een essentieel commando voor de eigen veiligheid van je hond in bepaalde situaties, maar het is ook een eenvoudige eerste stap in de reis van communicatie met je hond.

Zorg dat je hond zijn volledige aandacht op jou richt. Dit zal geen probleem zijn met een Golden Retriever, aangezien het enige wat hij meer liefheeft dan zijn mens, is zijn mens met voedsel in de hand. Leid nu met een vloeiende beweging de hond in de zitpositie door je hand met de beloning omhoog en over zijn hoofd te bewegen. Zijn achterste zal instinctief zakken. Pas wanneer zijn achterwerk volledig op de grond zit, geef je je hond de beloning en prijs je hem.

(Als je je hond met een clicker traint, klik je en beloon je op elk moment dat hij het juiste doet. Clickers zijn een optionele extra associatieve versterking dat de handeling correct is.)

In dit stadium gebruik je nog geen commandowoord. Pas als de handeling na verschillende herhalingen stevig op zijn plaats zit, gebruik je het woord "Zit" terwijl je de handbeweging maakt, omdat je betrouwbaar kunt voorspellen dat dit zal resulteren in een zit. Op deze manier wordt het woord in het brein van je hond geassocieerd met de handeling.

Met verdere herhalingen kun je je hond afwennen van het handsignaal door het gebaar kleiner te maken, totdat je helemaal geen handsignaal of lichaamstaal meer gebruikt, maar alleen het woord om je hond te laten zitten. Je timing is zeer belangrijk bij het belonen van het juiste gedrag met een beloning en lof.

De volgende stap is om de hond helemaal af te wennen van de beloning, aangezien je in de praktijk niet elke keer een beloning bij de hand zult hebben wanneer je wilt dat je hond gaat zitten; dit zou ook niet goed zijn voor zijn taille. Dus, terwijl je doorgaat met het commando, beloon je niet bij elke herhaling. Je kunt je hond nog steeds prijzen, maar geef de beloning slechts bij tussenpozen.

Je hoeft niet al deze stadia in één trainingssessie te bereiken. Houd de sessies kort voor je hond en eindig op een positieve noot. Bouw training in zijn dagelijkse routine zodat het al snel een tweede natuur wordt, en het zal voor geen van beiden een karwei zijn!

Hoe je "Blijf" aanleert

Hoewel het commando "Blijf" samen met het woord kan worden aangeleerd, is een andere methode de "Stille Blijf". Dit gaat ervan uit dat je wilt dat je hond in de zitpositie blijft totdat jij hem weer vrijgeeft, nadat je hem daar hebt geplaatst. "Blijf" heeft daarom geen woord nodig, maar je hond kan worden vrijgelaten door een woord zoals "Vrij".

Om deze methode te leren, plaats je je hond in de zitpositie en houd je zijn aandacht vast door hem te vertellen dat hij een brave jongen is. Wanneer hij dan aandachtig zit, mag je hem wegleiden van de zitpositie met een beloning in je hand. Als hij opstaat, gebruik je het woord "Vrij".

In de eerste fasen zul je de tijd in zitpositie zeer kort moeten houden, voordat je hond zijn aandacht verliest en uit zichzelf opstaat. Je moet de controle over zijn acties behouden. Hij zal snel leren dat hij een beloning krijgt door te blijven zitten totdat jij hem uit de positie ontslaat. Verleng de tijd in stille blijf naarmate je vordert, inclusief bij hem weglopen voordat je hem uit de positie ontslaat.

Als je het woord "Blijf" wilt gebruiken terwijl hij blijft zitten om het punt te versterken, is daar niets mis mee, maar je moet nog steeds het woord "Vrij" gebruiken om je hond uit deze positie te ontslaan.

Hoe je "Af" aanleert

Foto met dank aan
Claire Moody

Het is het gemakkelijkst om het commando "Af" vanuit een zitpositie te leren, dus je moet je hond vragen om te gaan zitten en hem belonen om zijn aandacht op jou te richten.

Kniel voor je hond, zodat je goed oogcontact hebt, en breng een beloning naar zijn neus, laat dan de beloning in je gesloten hand zakken naar de vloer tussen zijn poten en dicht bij zijn lichaam. Je hond zou instinctief zijn voorpoten moeten laten zakken, maar je moet hem pas belonen als beide ellebogen stevig op de grond liggen. Zijn achterste zou ook naar beneden moeten gaan, maar als dat niet gebeurt, moet je hem niet duwen, wat weerstand creëert, maar gebruik je je andere arm als een limbostok. Plaats deze over de rug van de hond en beweeg de beloning naar voren, zodat de hond bij het naar voren kruipen naar de beloning zijn rug onder je andere arm moet laten zakken.

Door deze oefening vaak achter elkaar te herhalen, zal er een meer automatische respons ontstaan. Mocht je Golden Retriever toch traag leren, dan kun je het commando stapsgewijs aanleren: begin met het belonen van een lichte buiging van het hoofd, daarna het zakken van de ellebogen, totdat uiteindelijk de volledige liggende positie wordt bereikt. Zodra je hond netjes zit terwijl jij naast hem knielt, breng je je lichaam omhoog naar een hurkende en vervolgens een staande positie, wat de uitdaging zal vergroten, aangezien je de beloning niet helemaal naar de vloer brengt voor zijn neus om te volgen.

Net als bij "Zit" moet je het commando "Af" pas gebruiken als je hond betrouwbaar in de juiste positie wordt geleid met de beloning. De volgende stap is om hem af te wennen van de beloning, zodat hij consequent handelt op alleen het woord. Net als bij "Zit" beloon je niet bij elke herhaling, maar varieer je de momenten waarop hij een beloning krijgt of alleen wat aandacht.

Het toevoegen van de stille blijf aan het commando "Af" is de volgende stap, zodat je een hond hebt die gaat liggen en blijft liggen, wat zeer nuttig kan zijn wanneer je bezoek hebt. Net als bij blijf moet je je hond uit de positie ontslaan met het woord "Vrij". Laat hem in het begin na slechts enkele seconden los, en bouw de tijd op dat hij in de liggende positie blijft. Maar vergeet niet om hem aan het einde van de trainingssessie los te laten, anders kan je gehoorzame hond te bang zijn om op te staan en vergeten in de liggende positie blijven!

Hoe je aan de lijn leren lopen

Je Golden Retriever pup zal uitgroeien tot een grote, sterke hond, dus het is van vitaal belang om hem vanaf het begin te leren netjes aan een losse lijn te lopen. De eerste moeilijkheid is dat puppy's van nature uitbundig zijn en meer geneigd zullen zijn om rond te springen en in de lijn te bijten dan er netjes aan geleid te worden aan de voeten van hun baasje. Het bereiken van dit doel zal tijd en geduld vergen.

Je moet realistische verwachtingen hebben over wandelingen bij het trainen van je hond aan de lijn. Dit komt omdat je niet consequent in één richting of met één snelheid zult gaan. Je zult ook moeten werken om de volledige aandacht van je hond te behouden door een opwindend persoon te zijn om bij in de buurt te zijn, en interessanter dan zijn omgeving. Voor je hond is de lijn een belemmering om te gaan waar hij wil, en hij zal instinctief trekken. Hij moet het trekken loskoppelen van het bereiken van waar hij naartoe wil, en vooruitgaan associëren met het gevoel van een losse lijn. Dit betekent dat elke keer dat hij trekt, jij stopt. Laat hem zitten zodat je weer een losse lijn kunt krijgen, en ga dan verder. Je wandeling zal in de beginfase een voortdurende reeks van stoppen en starten zijn, en je moet ook regelmatig van richting veranderen om je hond geïnteresseerd te houden. Uiteindelijk zal hij beseffen dat er veel meer wandelen en veel minder stoppen en zitten is wanneer de lijnverbinding los is, en hij zal concluderen dat de juiste plaats naast jou is. Heb je trainingsbeloningen bij de hand zodat je zijn correcte gedrag kunt versterken wanneer hij netjes loopt zoals jij dat wilt.

Als je puppycursussen volgt, zul je misschien merken dat je Golden Retriever pup in de les zeer snel leert en prachtig aan de lijn loopt. Zodra je echter buiten aan het wandelen bent, is hij een wildebras. Dit is nauwelijks verrassend, aangezien er zoveel meer afleiding is in de grote buitenwereld. Je uitdaging is om net iets harder te werken om zijn aandacht

Foto met dank aan
Samantha Hector

buiten vast te houden, omdat je al weet dat hij het in een andere omgeving kan. Het kan frustrerend voelen wanneer je gewoon een leuke wandeling in het park wilt maken met je hond, maar die tijd zal komen. De eerste maanden zijn voor training, wat een heel andere ervaring is, maar een volledig waardevolle investering voor de komende jaren.

Hoe je los leert lopen

Je Golden Retriever is gefokt om in het veld te werken en als gevolg daarvan is het natuurlijk voor hem om los te rennen en daarbij veel meer van zijn grenzeloze energie te verbruiken dan wanneer hij dezelfde tijd aan je hielen zou draven. Het eerste probleem bij het bereiken van dit vertrouwensniveau is ervoor zorgen dat hij terugkomt.

Net zoals je tijd en energie steekt in het leren van commando's zoals zit, af en blijf, leer je onbedoeld ook het terugroepen. Je bouwt namelijk een band op met je hond, bevestigt je positie als baas en roedelleider, en leert hem bovendien zijn naam kennen. Je Golden Retriever wil je behagen en is een zeer toegewijd ras, dus natuurlijk wil hij bij je terugkomen. Het probleem kan zijn dat hij dit op zijn eigen tempo wil doen.

Net als bij je eerdere training moet je beloningen in je zak hebben wanneer je terugroepen leert. Die konijnengeur zal voor een Golden Retriever zeer afleidend moeten zijn om hem af te leiden van een voedselbeloning. Sommige Goldens vinden een bal ook zeer motiverend om zich te concentreren op hun baasjes wanneer ze los lopen. Je moet je hond echter toestemming geven om bij je weg te gaan, anders zal los lopen niet het resultaat hebben dat je hond vrij kan rennen, wat goed is voor zijn geest en lichaam. Dus, terwijl je hem regelmatig terugroept en hem beloont voor zijn prompte aandacht, moet je hem weer vrijlaten met het commando "Vrij". Het commando "Kom" heeft de voorkeur voor terugroepen, omdat het meer associatief is met de handeling dan simpelweg de naam van de hond roepen.

Begin met terugroeptraining in een veilige afgesloten ruimte voordat je je in het open platteland waagt. Een flexi-lijn zal je niet helpen bij het leren van je hond om los te lopen, omdat je hond nog steeds het contact zal voelen, en het biedt onvoldoende bereik. Een trainingslijn kan echter nuttig zijn als je geen afgesloten ruimte hebt en je hond zou kunnen weglopen. Deze zijn extreem lang en moeten lichtgewicht zijn. Ze moeten worden bevestigd aan een tuigje, zodat wanneer je hond naar het einde ervan rent, hij niet plotseling een harde ruk aan zijn nek krijgt. De hond zal zeer weinig gevoel hebben dat hij aan een lijn vastzit, maar jij hebt de zekerheid dat je hem van een grote afstand kunt terughalen als

Foto met dank aan
Jamie Smith

al het andere faalt. Trainingslijnen mogen echter niet in de buurt van andere mensen of honden worden gebruikt, omdat ze het risico lopen verstrikt te raken.

Het is de moeite waard om op te merken dat je Golden al snel het terugroepen kan leren; het zit in hun aard, en hij kan op jouw commando zeer betrouwbaar terugkeren. In de puberteit maken veel honden echter tijdelijk een terugval. Bij een Golden Retriever is dit rond de 8-18 maanden oud. Dit kan een uitdagende periode zijn, omdat je hond wordt gedreven door zijn instincten. Hoewel dit zijn hele training kan beïnvloeden, is het terugroepen het meest zorgwekkend om kwijt te raken, vanwege het risico je hond te verliezen. Als je merkt dat je hond vanaf de leeftijd van 8 maanden ongehoorzamer wordt over terugkomen, raak dan niet in paniek, want dit is slechts een fase. Je kunt er echter voor kiezen om hem een tijdje in meer besloten ruimtes te laten lopen, zoals het park in plaats van het open platteland, en zorg ervoor dat hij een halsband en penning draagt voor het geval hij zou afdwalen. Je kunt zelfs overwegen om terug te gaan naar de trainingslijn en beloningen in je zak, maar laat je niet ontmoedigen, want na deze korte periode zal je hond klaar zijn om zich te vestigen in het volwassen leven, met al zijn vroege training op magische wijze weer op zijn plaats.

Behendigheid en Flyball

Golden Retrievers zijn uitstekend geschikt voor Behendigheid omdat ze zo intelligent en atletisch zijn. Als je een energieke hond hebt, kan Behendigheid veel helpen bij het beheersen van zijn hyperactiviteit, en een leuke bezigheid bieden die jullie beiden in goede conditie houdt.

Jonge puppy's kunnen niet deelnemen aan Behendigheid vanwege het risico op beschadiging van groeiende botten en groeischijven. Die eerste maanden kunnen echter met winst worden gebruikt voor gehoorzaamheidstraining, zodat wanneer je hond op twaalf maanden kan beginnen met de basis van Behendigheid, zijn focus op zijn baas ligt en hij begrijpt hoe hij commando's moet volgen en de principes van beloningstraining.

Behendigheid houdt in dat je je hond rond een hindernisbaan leidt tegen de klok, en is zo ingedeeld dat je hond in het begin alleen over zeer lage palen springt. In dit stadium zal hij ook de andere elementen van de baan leren, zoals de tunnel, hoepels, de A-frame, de loopplank, de wip en de slalom. Naarmate zijn botten en gewrichten volwassen worden, wordt de baan veeleisender. De meeste Golden Retrievers zullen genieten van de uitdaging en beweging die bij Behendigheid komt kijken en het zal jullie band versterken. Als je hond er echter niet van lijkt te genieten en gestrest lijkt door de ervaring, moet je misschien accepteren dat zijn persoonlijkheid anders is en in plaats daarvan zoeken naar wat hij echt leuk vindt.

Flyball is een andere opwindende bezigheid waar je Golden Retriever van kan genieten, omdat het gaat om het ophalen van een bal aan het einde van een hindernisbaan en ermee terugkeren, en natuurlijk is apporteren de grootste vaardigheid van je hond!

Als je minder mobiel bent en het problematisch zou vinden om een behendigheidsparcours met je hond te lopen, kan Flyball een aantrekkelijkere optie zijn, aangezien de hond voor het grootste deel alleen gaat.

Net als bij Behendigheid moet je hond twaalf maanden oud zijn voordat hij met Flyball begint om ervoor te zorgen dat zijn groeischijven gesloten zijn, maar de eerste fasen zullen alleen lage sprongen omvatten. Je hond moet goed terugroepbaar zijn, omdat hij weggestuurd zal worden over de baan om de bal op te halen voordat hij terugkeert, maar beginnersbanen zijn meestal aan beide zijden omheind.

In de eerste maanden voordat je hond met Flyball begint, legt je gehoorzaamheidstraining een stevige basis. Conditie en voeding zijn ook zeer belangrijk voor een hond die gaat deelnemen aan energie-intensieve activiteiten zoals Behendigheid en Flyball.

Beginnen met een Golden Retriever is zeer spannend vanwege hun aangeboren vermogen om te leren. Het trainen van een Golden is zeer lonend en leidt tot een verbinding die echt laat zien waarom honden bekend staan als de beste vriend van de mens. Als zodanig is de Golden Retriever de best mogelijke ambassadeur voor zijn soort, en eigenlijk, bijna menselijk!

HOOFDSTUK 7
Reizen

"Goldens zijn geweldige reisgenoten. Ze hebben een avontuurlijke geest en zijn echte extraverten. Goldens willen overal met hun baasjes mee naartoe en hun leven draait om het samenzijn met hun mensen."

Jill Simmons
PoeticGold Farm

Voorbereidingen voor het Reizen

De meeste eigenaren zullen gedurende het leven van hun hond meerdere situaties meemaken waarin ze met hem moeten reizen. Dit kan simpelweg een korte afstand zijn, bijvoorbeeld naar de dierenarts of naar een vaste uitlaatplek, of het kan een lange reis zijn, mogelijk zelfs internationaal.

Je hebt meer opties dan alleen met je hond in de auto reizen. Honden zijn vaak ook toegestaan in het openbaar vervoer, zelfs in treinen en vliegtuigen. Afhankelijk van het type en de lengte van de reis zullen er heel verschillende voorbereidingen nodig zijn.

Als je een lange reis gaat maken, is het verstandig om eerst met je hond naar de dierenarts te gaan. Dit is essentieel omdat je niet lange afstanden met je hond zou moeten reizen als hij niet gezond is. Een algemene controle zorgt ervoor dat zijn gezondheid in topvorm is. Dit is ook een uitstekende gelegenheid om te controleren of alle vaccinaties up-to-date zijn. Als dat niet het geval is, kan je hond op dit moment een herhalingsvaccinatie krijgen. Je kunt tijdens deze afspraak ook vlooien- en wormenpreventie meenemen voor de periode dat je op reis bent, zodat deze niet verlopen, en eventuele doorlopende medicatie voor chronische aandoeningen om ervoor te zorgen dat er geen onderbreking in de toediening is als je anders zonder zou komen te zitten tijdens je reis. Als je internationaal reist, zullen de meeste landen eisen dat de rabiësvaccinatie up-to-date is, en mogelijk zelfs een bloedtest vereisen om te bewijzen dat het vaccin effectief is geweest. Daarnaast moet voor sommige bestemmingen exportpapierwerk worden ingevuld, evenals een pas-

71

Foto met dank aan
David A Ring

poort en vaccinatiegegevens. Deze kunnen allemaal op dit moment door je dierenarts worden ondertekend. Het is belangrijk om te onthouden dat het jouw verantwoordelijkheid is dat je dierenarts alle relevante papieren voor je hond heeft ondertekend, dus zorg ervoor dat je goed leest wat er vereist is voor de locatie waar je naartoe reist.

Als je hond tijdens je reis een dierenarts moet zien, wat hopelijk niet het geval zal zijn, moet je de dichtstbijzijnde dierenarts vinden die hem kan onderzoeken. Neem de tijd om de lokale dierenartsen in het gebied waar je zult verblijven op te zoeken, en sla de contactgegevens op in je telefoon voor het geval van nood. Zorg er ook voor dat de contactgegevens van je vaste dierenarts binnen handbereik zijn, aangezien zij mogelijk contact met hen willen opnemen om medische details te delen.

Wanneer je op reis bent en je hond zou ontsnappen, bevindt hij zich niet in zijn vertrouwde omgeving en zal hij waarschijnlijk niet uit zichzelf thuiskomen. Daarom is het verantwoordelijk om ervoor te zorgen dat je hond identificatie bij zich heeft. Een microchip is het beste, omdat dit een permanente vorm van identificatie is. Zorg er wel voor dat je contactgegevens up-to-date zijn bij het microchipbedrijf, want een microchip die geregistreerd staat op een oud adres of telefoonnummer is nutteloos. Een andere vorm van identificatie is een halsband met een ID-plaatje. Op het plaatje moet het telefoonnummer staan waarop je bereikbaar bent, evenals een adres. Sommige mensen zetten liever niet de naam van de hond op het plaatje, omdat anders iemand met slechte bedoelingen de hond bij naam kan roepen. Tijdens je reis kun je een tijdelijk plaatje bevestigen met de locatie waar je verblijft als je dat wilt, hoewel dit niet zo noodzakelijk is als het plaatje met de thuisgegevens.

Reizen in een Auto

Foto met dank aan Kylee Cohoon

Het is verrassend hoe goed veel honden het rijden in een auto verdragen, maar als jouw hond er moeite mee heeft, zijn er misschien enkele eenvoudige oplossingen. Je kunt, in het geval dat hij nerveus is, voorafgaand aan de reis oefenen door hem eerst in de auto op de oprit te laten zitten. Hij kan daar zijn eten krijgen of een tijdje met je spelen, zodat hij weet dat het een prettige plek is om te zijn. Voor een lange autorit kun je enkele korte ritjes oefenen om je hond te laten wennen aan de beweging van de auto.

Als je hond niet angstig wordt in de auto, maar eigenlijk misselijk wordt of kwijlt, kan dit een teken van misselijkheid zijn. Net als mensen kunnen honden wagenziek worden. Als je slechts een korte reis maakt, kun je je hond met een lege maag laten reizen, wat de misselijkheid zal verminderen. Als je echter een lange reis gaat maken, zijn er uitstekende pillen tegen reisziekte die je bij je dierenarts kunt aanvragen en 30 minuten voor de reis aan je hond kunt geven.

Wanneer je met je hond in de auto reist, zijn er verschillende opties om je hond vast te zetten. Er is geen goede of foute manier, maar sommige eigenaren zullen de ene optie boven de andere verkiezen. De eerste optie is om je hond in een bench in de kofferbak van de auto te vervoeren. Als je je hond vanaf jonge leeftijd bench-getraind hebt, is dit een uitstekende optie, omdat de bench door je hond als een veilige haven zal worden gezien, en het daarom zal helpen om eventuele angst in de auto te verminderen. De bench moet groot genoeg zijn voor je hond om te staan, zich om te draaien en te gaan liggen zonder de zijkanten aan te raken, wat betekent dat hij vrij groot moet zijn voor een Golden Retriever. Hij moet gemaakt zijn van draad of een sterk materiaal, met ademende zijkanten zoals gaas. Hij moet in de kofferbak van de auto wor-

Foto met dank aan Linda Walkowiak

den geplaatst zodat er luchtstroom doorheen is, om ervoor te zorgen dat het niet te warm of benauwd wordt voor je hond. Er mogen ook geen scherpe uitsteeksels in zitten waaraan je hond zich kan verwonden.

Als je niet van het idee van een bench houdt, kun je je hond zonder bench in de kofferbak van de auto zetten. Op deze manier is je hond wat vrijer om rond te bewegen en uit de ramen te kijken. Je hond zou dit echter kunnen zien als een kans om over de achterbank te springen om bij jou in het hoofdgedeelte van de auto te komen, dus als je voor deze optie kiest, is het de moeite waard om te investeren in een hondenrek om dit te voorkomen.

De veiligste manier voor je hond om te reizen is echter met een hondentuig dat aan een veiligheidsgordel is bevestigd. Deze zijn verkrijgbaar bij veel dierenwinkels en online, en worden bevestigd aan de veiligheidsgordels achterin. Als je betrokken zou raken bij een ongeval, zorgt dit ervoor dat je hond geen schade oploopt die had kunnen worden vermeden. Het zorgt er ook voor dat ze op één plek blijven en niet proberen bij je te komen terwijl je rijdt, wat erg belangrijk is voor de veiligheid en je verzekering ongeldig kan maken. Sommige mensen vinden deze optie misschien niet prettig, omdat je hond dan een zitplaats inneemt die door een mens bezet zou kunnen worden, en het zal ook betekenen dat de achterbank bedekt kan raken met haar en kwijl. Dit laatste punt kan echter gemakkelijk worden opgelost door een hoes voor de stoelen te gebruiken wanneer de hond in de auto zit. Er zijn speciaal voor honden gemaakte hoezen die de hele achterbank bedekken.

Wanneer je met je hele gezin reist, inclusief je hond, kunnen je kinderen zich vervelen. Hoewel je hond hen normaal gesproken uitstekend kan vermaken, zorg ervoor dat je kinderen de hond niet plagen of lokken tijdens het reizen, aangezien je hond niet de mogelijkheid heeft om bij hen weg te gaan als hij dat zou willen. Dit kan de reis onaangenaam maken voor de hond.

Zorg er ook voor dat alles wat je nodig zou kunnen hebben gemakkelijk toegankelijk is. Dit omvat water en voer voor je hond, evenals een lijn. Je hond moet elke 4 uur water aangeboden krijgen, en minstens elke 12 uur voer. Hij zal het ook waarderen als je hem regelmatig laat bewegen en zijn behoefte laat doen, aangezien lang in de auto zitten oncomfortabel kan worden. Als je stopt om snel naar een winkel te gaan of te tanken, laat je hond dan nooit onbeheerd achter in de auto. Honden kunnen snel overlijden in auto's die geen open ramen of airconditioning hebben.

Reizen per Vliegtuig

Als je per vliegtuig reist, vooral als het internationaal is, doe dan goed je onderzoek, aangezien verschillende luchtvaartmaatschappijen en verschillende landen verschillende eisen hebben. De meeste luchtvaartmaatschappijen vereisen een gezondheidscertificaat dat niet ouder is dan 10 dagen voor de reis. Dit kan door je dierenarts worden verstrekt. Naast paspoorten, exportpapieren en vaccinaties, vooral tegen rabiës, moeten deze allemaal volledig en up-to-date zijn.

De meeste luchtvaartmaatschappijen zullen eisen dat de hond in een bench zit, en hoewel sommige kleine hondenrassen in de cabine mogen, zal je Golden Retriever helaas bijna zeker in het ruim moeten reizen. De uitzondering is als je hond een hulphond van een bepaald type is. De luchtvaartmaatschappij waarmee je reist, kan je voorzien van specificaties voor de vereiste bench. Je hond mag niet reizen als hij jonger is dan 8 weken. Sommige luchtvaartmaatschappijen stellen hun minimumleeftijd echter op 12 weken.

Als de temperatuur waarschijnlijk lager is dan 7 graden Celsius of hoger dan 29 graden Celsius tijdens vertrek, aankomst en verbindingen, mag je hond niet reizen. Er kunnen uitzonderingen worden gemaakt als je hond gewend is aan deze omstandigheden, maar dan moet je een dierenartsverklaring overleggen waarin dit wordt uitgelegd, en dan is de maximaal toegestane duur bij deze temperaturen 4 uur.

Vakantieverblijf

Voordat je je vakantieverblijf boekt, neem contact op met het bedrijf om er zeker van te zijn dat ze honden in hun accommodaties toestaan. Veel vakantielocaties staan geen honden toe. Als je het geluk hebt om vakantie te vieren op een hondvriendelijke plek, dan is het belangrijk om er rekening mee te houden dat niet iedereen op die locatie misschien gewend is aan, of zelfs houdt van honden. Probeer je hond rustig te houden, laat hem dus niet alleen als dit waarschijnlijk zal leiden tot blaffen. Zorg er ook voor dat je tijdens het uitlaten alles opruimt wat hij heeft gedaan. Wanneer je bij de accommodatie aankomt, vraag de receptionist waar je je hond het beste kunt uitlaten, aangezien er gebieden kunnen zijn die verboden terrein zijn.

Probeer te respecteren dat de accommodatie niet van jou is, en dat na je vertrek andere gasten zullen arriveren. Laat je hond daarom niet in de kamer zijn behoefte doen of meubilair vernielen. De kamer moet met een eenvoudige schoonmaakbeurt weer in een hondenvrije staat kunnen worden teruggebracht.

Je Hond Thuislaten

Als je niet met je Golden Retriever wilt reizen, zijn er veel opties voor waar je je hond kunt achterlaten als je weg bent.

De eerste optie is om vrienden of familie te vragen om op je hond te passen. Dit wordt vaak gedaan als een gunst in plaats van als een betaalde dienst, dus probeer het zo gemakkelijk mogelijk te maken voor je vriend of familielid. Het positieve aspect hiervan is dat je de persoon die voor je hond zorgt persoonlijk kent, en kunt instaan voor hun verantwoordelijkheid. Je weet ook hoe de plek is waar je hond verblijft. Zorg ervoor dat je voldoende voer van je hond bij hen achterlaat, en breng zijn mand, speelgoed en lijn of tuig mee zodat zij deze dingen niet hoeven te regelen. Als je vriend of familielid zelf een hond heeft, zorg er dan voor dat je de honden samen test voordat je je hond achterlaat. De andere hond is misschien niet blij met een nieuwe hond in zijn territorium, dus laat ze elkaar ontmoeten op neutraal terrein, zoals tijdens een wandeling of in de tuin.

Een andere optie voor je Golden Retriever is om hem in een lokaal pension te boeken. Pensions hebben de reputatie hard te zijn, maar er zijn eigenlijk enkele uitzonderlijk goed gerunde pensions en dus is het de moeite waard om onderzoek te doen en recensies te lezen voordat je een pension kiest. In een pension worden honden gehuisvest in binnen- of buitenrennen, die meestal bestaan uit een klein gebied om in rond te lopen, met een gebied om te slapen of te rusten aan de achterkant. Een of twee keer per dag worden ze uit dit gebied gehaald naar een groot gemeenschappelijk gebied of meegenomen voor een wandeling. Dit stelt hen in staat om te bewegen en met andere honden te spelen. Pensions

*Foto met dank aan
Heather Dawson*

worden meestal gerund door zeer ervaren hondenbegeleiders; je hond zal echter niet de één-op-één aandacht krijgen die hij elders zou krijgen. Je hond heeft up-to-date vaccinaties nodig voordat hij in een pension mag verblijven, dus zorg ervoor dat je dit hebt gedaan en je dierenarts hebt gevraagd om je een getekend bewijs te geven voordat je je hond afzet.

Ten slotte is de duurste, maar waarschijnlijk de beste optie met betrekking tot veiligheid, het inhuren van een huis- of hondensitter die in je huis komt verblijven terwijl jij weg bent. Dit zorgt ervoor dat er voor je hond wordt gezorgd in zijn eigen omgeving. Dit is de minst ontwrichtende optie voor je hond. Huissitters hebben geen formele kwalificaties nodig, dus zorg ervoor dat ze professioneel zijn en ervaring hebben voordat je ze boekt. Het kan een goed idee zijn om hen te vragen of ze met je mee willen gaan voor een hondenwandeling of langs willen komen bij je huis zodat je hond aan hen kan wennen.

Of je nu besluit om met je hond te reizen of niet, een vakantie zou een leuke ervaring moeten zijn voor iedereen. Dus, probeer je er niet te veel zorgen over te maken en plan ruim van tevoren. Op die manier kunnen zowel jij als je Golden Retriever er maximaal van genieten.

HOOFDSTUK 8
Voeding

Het belang van voeding

"We geven onze Goldens visolie van wilde vis en eieren, dit helpt de huid en vacht mooi en zacht te houden. Aangezien Goldens vatbaarder zijn voor kanker dan veel andere rassen, is het verstandig om niet te bezuinigen op voeding en ze een voedzaam uitgebalanceerd volledig voedingspatroon te geven, indien mogelijk rauw. Of zorg er in ieder geval voor dat goedkope vulstoffen zoals maïs, tarwe en soja niet aanwezig zijn."

Katie
Grizzly Kennels

Voeding speelt een essentiële rol in het dagelijks leven van je Golden Retriever, en daarom is het in zijn belang dat je zorgvuldig aandacht besteedt aan een uitstekend uitgebalanceerd dieet. Dit zal voor jullie beiden lonend zijn, aangezien een geschikt dieet hem in topconditie houdt, vol energie en zich goed voelend, wat er op zijn beurt voor zorgt dat je een speelse, blije Golden Retriever hebt, zoals het hoort.

Met zoveel keuze op de markt kan het lastig zijn om te beslissen wat je je hond geeft. Golden Retrievers passen zich aan veel voedingssoorten aan; er zijn echter specifieke dingen waar je op moet letten bij het bekijken van het aanbod. Ze hebben een weelderige lange vacht, die enorm baat heeft bij een dieet rijk aan omega-3 en omega-6 vetzuren. Deze helpen de huid een effectieve barrière te vormen en geven de vacht vitaliteit. Omega-3 en omega-6 helpen ook om de gewrichten in goede conditie te houden. Zoals in hoofdstuk 12 wordt besproken, zijn Golden Retrievers vatbaar voor gewrichtsproblemen. Omega-vetzuren houden het gewrichtsvocht viskeus en goed gesmeerd, en verminderen ontstekingen.

Als je hulp wilt bij het kiezen van het meest geschikte dieet voor je Golden Retriever, is een hondenvoedingsdeskundige de beste persoon om te raadplegen. Veel eigenaren, fokkers en zelfs dierenartsen beweren dat zij het beste voer voor je hond kennen; voor onbevooroordeeld, holistisch en professioneel advies is een hondenvoedingsdeskundige echter je beste bron.

Commercieel voer

De meeste dierenwinkels en dierenartspraktijken bieden een grote verscheidenheid aan hondenvoer, dat in veel verschillende soorten bereidingen van vele verschillende merken komt. De keuze kan overweldigend zijn, vooral voor een nieuwe eigenaar die nog nooit een hond heeft gehad.

Wanneer je je nieuwe Golden Retriever-pup bij de fokker ophaalt, is het beste voer voor je puppy in feite doorgaan met wat de fokker hem heeft gegeven. Dit zou een commercieel, voedingskundig compleet puppyvoer moeten zijn. De uitzondering hierop is als de fokker de pup een BARF-dieet gaf, wat verderop in dit hoofdstuk wordt besproken. De pup op hetzelfde voer houden zorgt ervoor dat zijn maag niet overstuur raakt terwijl alles om hem heen verandert. Als je hem op een ander merk voer wilt overzetten, kun je dit het beste geleidelijk doen, over een periode

van enkele weken. De verandering kan worden doorgevoerd nadat hij een week of twee de tijd heeft gehad om te wennen aan zijn nieuwe huis.

Een pup moet altijd voer krijgen waarop staat dat het voor puppy's of jonge honden is. De reden hiervoor is dat puppy's andere voedings- en groeivereisten hebben dan volwassen honden. Tijdens de groei hebben ze aanzienlijk meer eiwitten nodig om spiersterkte te ontwikkelen, meer calorieën per kilo lichaamsgewicht voor alle opgewonden energie die ze verbranden, en andere hoeveelheden calcium en fosfor dan volwassen honden, om ervoor te zorgen dat hun botten gezond en sterk groeien.

Zodra ze volwassen formaat bereiken, wat rond 9-18 maanden is, kunnen ze langzaam worden overgezet op volwassen voer. Sommige eigenaren kiezen ervoor om hun hond "jong volwassen" of "actieve hond" voer te geven tijdens deze jongere volwassen jaren, en hoewel deze zeer gunstig zijn voor een jonge, energieke Golden Retriever, zijn ze niet essentieel.

Net zoals jongere honden de optie hebben van speciaal voer voor hun levensfase, hebben oudere honden ook de optie van seniorenvoer. Seniorenvoer zorgt ervoor dat je oudere hond in topvorm blijft wanneer zijn gezondheid mogelijk begint te verminderen, maar meer hierover wordt besproken in hoofdstuk 16.

Naast de keuze voor levensfase-voer worden commerciële voedingsmiddelen ook aangeboden in zowel natte als droge bereidingen. De meeste eigenaren hebben een voorkeur voor wat zij als het beste beschouwen; er zijn echter voor- en nadelen aan beide, en er is niets mis met het voeren van een combinatie.

Nat voer wordt als smakelijker beschouwd dan droog voer, dus als je een van de zeldzame gevallen van een kieskeurige Golden Retriever hebt, vindt hij dit misschien aantrekkelijker. Nat voer lijkt veel meer op het natuurlijke voedsel dat een hond in het wild zou eten en heeft meestal een vlees-eiwitbron als hoofdbestanddeel. De meeste natte voedingsmiddelen bestaan echter voor meer dan 70% uit vocht, dus om een volledig nat voedingsdieet te voeren, heeft je hond mogelijk vrij veel blikken voer per dag nodig.

Droog voer is daarentegen veel geconcentreerder qua voedingsstoffen. Een hoogwaardig droogvoer vereist slechts een kleine hoeveelheid om de hond alle dagelijkse voedingsstoffen te geven die hij nodig heeft. Helaas kan droogvoer worden aangevuld met voedingsloze zetmeelrijke vulstoffen, dus bij het kopen van droog hondenvoer moet het van hoge kwaliteit zijn en een vleescomponent als hoofdbestanddeel hebben. Droog hondenvoer is veel beter voor het gebit van je hond, vergeleken met nat voer, omdat droog voer helpt tandsteen te verwijderen

Foto met dank aan
Kellie Blood

terwijl de hond door de brokken knaagt.

Wees echter gerust, als hondenvoer in de schappen ligt, moet het voldoen aan de normen van de Raad van Beheer op Kynologisch Gebied in Nederland. Dit zijn normen die voor alle hondenvoer gelden om ervoor te zorgen dat ze ten minste de minimale hoeveelheid vitaminen, mineralen en voedingsstoffen bevatten die nodig zijn voor een gezonde hond. Ze hebben twee categorieën - onderhoud en groei - dus als hondenvoer op de markt komt, zal het aan de normen in een van deze categorieën hebben voldaan.

BARF en zelfgemaakte diëten

BARF-diëten (botten en rauw voedsel) en zelfgemaakte diëten worden steeds populairder in de hondenwereld. Het is gemakkelijk te begrijpen waarom, aangezien deze diëten je in staat stellen om natuurlijke, onbewerkte ingrediënten dagelijks aan je hond te voeren. Je weet precies wat de hond eet en hebt de mogelijkheid om lokaal geproduceerd, biologisch, niet-GMO voedsel voor je hond te kiezen. Niet alleen dit, je hebt de mogelijkheid om je hond een veel natuurlijker dieet te geven, dichter bij wat hun wolvenvoorouders zouden hebben gegeten, in plaats van bewerkte voedingsmiddelen.

Deze voordelen gaan echter gepaard met veel nadelen. BARF- en zelfgemaakte diëten zijn extreem moeilijk om aan de voedingsnormen te laten voldoen en hebben meestal een tekort aan veel mineralen. Een gespecialiseerde hondenvoedingsdeskundige kan je vertellen welke andere mineralen je aan het dieet moet toevoegen om het uitgebalanceerd te maken, maar zeer weinig eigenaren zoeken deze professionele hulp. Mineralentekorten kunnen leiden tot een slechte gezondheid, zwakke botten (vooral bij groeiende honden), groeiachterstand en blaasstenen. Daarnaast kan het BARF-dieet in het bijzonder extreem gevaarlijk zijn, omdat botten vast kunnen komen te zitten in de darmen, wat levensbedreigend kan zijn. Rauw vlees zit ook vol met bacteriën zoals salmonella en E. coli, en hoewel de darm van een hond relatief sterk is tegen kleine hoeveelheden van deze bacteriën, zullen ze nog steeds worden aangetroffen in de ontlasting en het speeksel van de hond. Dit kan een groot gevaar zijn voor kwetsbare mensen zoals kinderen en ouderen, en aangezien de Golden Retriever vaak een gezinshond is, moeten deze dingen in overweging worden genomen en is hygiëne in huis zeer belangrijk.

Etiketten van diervoeding

Alle etiketten van diervoeding hebben verschillende secties die verplicht beschikbaar moeten zijn voor het publiek. Deze secties helpen je te beslissen of het voer geschikt is voor je hond en of de kwaliteit is zoals je zou hopen.

Gegarandeerde analyse

De gegarandeerde analyse is het percentage eiwit, koolhydraten, vet, as, vocht en vezels dat in het voer kan worden gevonden op basis van "zoals gevoerd". Hierdoor kunnen droog voer en nat voer niet direct worden vergeleken. Er zijn enkele eenvoudige berekeningen die kunnen worden gedaan om de waarden om te zetten naar een "droge stof" basis, waardoor directe vergelijking van de voedingsmiddelen mogelijk is.

Als een nat voer bijvoorbeeld 75% nat is, betekent dit dat het droge gehalte 25% is. Als het eiwitgehalte dan 5% is, kan dit worden omgerekend door te delen door het percentage droge stof: 5/0,25 = 20% eiwit op basis van droge stof.

Als een vergelijkbaar droog voer, dat je wilde vergelijken, een vochtgehalte van 10% en een droog gehalte van 90% had, met een eiwitgehalte van 20%, zou de berekening als volgt zijn: 20/0,9 = 22,2% eiwit op basis van droge stof.

Zodra de gegarandeerde analyse is aangepast, biedt deze een uitstekende bron van informatie over het voer. Maar je kunt het voer niet alleen beoordelen op de gegarandeerde analyse; ingrediënten zijn ook van vitaal belang.

Ingrediënten

De ingrediëntenlijst op het etiket staat altijd op volgorde van gewicht. Het belangrijkste ingrediënt in hondenvoer is een op vlees gebaseerde eiwitbron, dus je moet hiernaar zoeken als het eerste ingrediënt in de lijst. Het is echter de moeite waard om in gedachten te houden dat maaltijden, zoals kalkoenmaaltijd, 300% meer eiwit hebben dan vers vlees, en daarom kan het de belangrijkste bron van eiwit zijn ondanks dat het erg licht van gewicht is. In dit geval staat het misschien verder naar beneden in de ingrediëntenlijst.

De meest voorkomende vleesingrediënten in hondenvoer zijn rundvlees, kip, kalkoen, lam en zalm. Dit zijn allemaal uitstekende eiwitbronnen; ze zijn echter ook veelvoorkomende allergenen. Als je hond een allergie voor voedsel heeft, dan is het het beste om te zoeken naar een voer met een ongewone eiwitbron, zoals eend, hert of tonijn, omdat ze hier minder waarschijnlijk op reageren. Alleen omdat een voer zegt dat het zalmsmaak heeft, betekent echter niet dat zalm het enige vlees is, dus lees altijd het etiket.

Viseiwitten zijn bijzonder rijk aan omega-vetzuren, die zoals eerder vermeld uitstekend zijn voor de gezondheid van zowel de vacht als de gewrichten. Dit is een groot voordeel voor Golden Retrievers.

Als het gaat om vulstoffen, gebruiken sommige diervoedingsfabrikanten granen, sommige gebruiken groenten, sommige gebruiken beide. Granen zijn uitstekende bronnen van vezels en B-vitamines; sommige honden hebben echter gevoelige darmen als het gaat om het verteren van granen. De beste granen om naar te zoeken zijn volkorenproducten, zoals bruine rijst, gerst en havermout. Witte rijst en maïsmeel zijn niet zo voedzaam als de volkorenproducten.

Groenten zijn veel gunstiger voor honden dan granen, en aardappelen, zoete aardappelen, wortelen en erwten zijn allemaal veelvoorkomende ingrediënten. Ze zijn geweldige bronnen van vitaminen en mineralen, zoals vitamine A, B en C, evenals kalium, ijzer en magnesium. Vitamine A helpt bij het in goede gezondheid houden van de ogen, huid en hersenen. Vitamine B werkt voornamelijk met celmetabolisme. Vitamine C helpt het immuunsysteem efficiënt te laten werken, klaar om een infectie te bestrijden. Kalium is betrokken bij de geleiding van signalen langs zenuwen en houdt het hart in een normaal ritme. Magnesium helpt sterke en gezonde botten te ontwikkelen. En tot slot wordt ijzer gebruikt om rode bloedcellen te creëren die zuurstof door het lichaam vervoeren.

Gewichtscontrole

Golden Retrievers hebben een gezonde eetlust, maar dit betekent niet dat ze een groot aantal calorieën nodig hebben. Ze kunnen de neiging hebben om overgewicht te krijgen, dus het kiezen van een voer dat specifiek is voor Golden Retrievers, of dat iets lager in calorieën is zonder kwaliteit te verliezen, is misschien het meest geschikt voor je hond.

Overgewicht is zeer schadelijk voor de gewrichten van Golden Retrievers. Naarmate ze ouder worden, kunnen abnormale krachten op normale gewrichten artritis veroorzaken. Omdat Golden Retrievers gevoelig zijn voor heup- en elleboogdysplasie, zullen abnormale krachten op al afwijkende gewrichten ervoor zorgen dat deze veel sneller achteruitgaan.

Er is geen specifiek gewicht dat een Golden Retriever zou moeten hebben, aangezien elke hond een individu is, dus het gewicht wordt het beste gemeten door lichaamsconditiescore (BCS). BCS is gebaseerd op een schaal van 1-9, waarbij 5 het ideale gewicht is, 1 is uitgemergeld en 9 is zwaarlijvig.

BCS 1 = Uitgemergeld. Ribben, lumbale werveluitsteeksels en benige uitsteeksels rond het bekken zijn duidelijk zichtbaar. Er is ernstig verlies van spieren en geen lichaamsvet.

BCS 3 = Ondergewicht. Ribben zijn gemakkelijk te voelen en kunnen zichtbaar zijn. Niet veel vet aanwezig. De buik trekt op bij de flank en een taille is van bovenaf te zien. Sommige benige uitsteeksels zijn zichtbaar. Bovenkant van lumbale wervels is gemakkelijk te zien.

BCS 5 = Ideaal. Minimaal vet over de ribben en je kunt ze gemakkelijk voelen. Taille en ribben zijn zichtbaar wanneer je boven de hond staat. Opgetrokken buik wanneer je vanaf de zijkant kijkt.

BCS 7 = Overgewicht. Vet aanwezig over ribben en je moet wat druk uitoefenen om ze te voelen. Vetafzettingen over de achterhand en rond de staartbasis. Taille niet gemakkelijk te zien. Buikplooi aanwezig maar licht.

BCS 9 = Zwaarlijvig. Veel vet rond de staartbasis, ruggengraat en borst. Buik kan uitpuilen achter de ribben. Geen taille of buikplooi. Vetafzettingen op nek en ledematen.

Omdat de Golden Retriever een prachtige dikke vacht heeft, is de beste manier om BCS te meten met een praktische aanpak. Op deze manier krijg je een goed gevoel over hoeveel vet er aanwezig is bij je hond. In vorm blijven zal zeer gunstig voor hem zijn, dus als je hulp nodig hebt bij het bereiken van het ideale gewicht, organiseren de meeste dierenartsenpraktijken gewichtsklinieken met dierenartsassistenten om professioneel advies en ondersteuning te bieden.

HOOFDSTUK 9
Gebitsverzorging

Het Belang van Gebitsverzorging

Net zoals het belangrijk is om onze eigen tanden schoon te houden, is het even belangrijk om de tanden van je hond schoon te houden. Het dieet van onze huishonden lijkt in niets op het wilde dieet van hun voorouders, waardoor ze niet dagelijks op rauwe botten kunnen kauwen. Dit is een van de drijvende factoren achter het BARF-dieet zoals besproken in Hoofdstuk 8; we hebben echter al geleerd over de gevaren van dit dieet en daarom moeten alternatieve methoden voor mondhygiëne worden overwogen.

Zonder dagelijkse gebitsverzorging zullen de meeste honden later in hun leven een of andere vorm van interventie nodig hebben om de gezondheid van hun gebit te verbeteren. Een slechte gebitsgezondheid leidt tot pijn in de mond en een slechte adem, ook bekend als halitose, wat niet prettig is voor je hond. Golden Retrievers staan in het bijzonder

bekend om hun slechte adem, maar dit kan worden voorkomen met de nodige zorgvuldigheid.

Tandanatomie

De tandstructuur is veel meer dan wat je boven het tandvlees ziet. Het zichtbare deel van de tand staat bekend als de kroon en onder het tandvlees bevindt zich de wortel. De wortel kan net zo groot zijn als, soms zelfs groter dan, de kroon.

De tand bestaat uit bot met verschillende lagen. Aan de buitenkant zit een beschermende laag die het glazuur wordt genoemd. Dit kan slijten door het kauwen op stenen en stokken, dus het is verstandig om je Golden deze gewoontes af te leren. In het midden van de tand zit de pulpa. Dit is een gebied vol zenuwuiteinden, dus als de tanden tot dit gebied slijten, kan het erg pijnlijk zijn.

Om de tand in de tandkas te houden, zijn er parodontale ligamenten, wat extreem sterke bindweefselbanden zijn. Als de tand ziek wordt, kunnen deze ligamenten verzwakken, waardoor de tand wiebelig wordt en uitvalt. Eten met een wiebelige tand kan erg pijnlijk zijn.

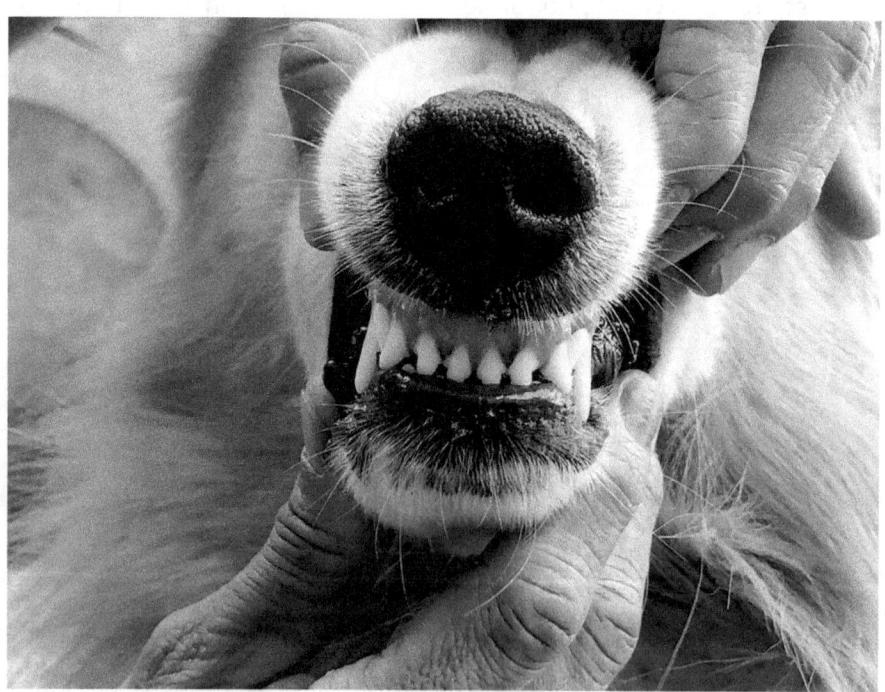

Honden hebben 42 volwassen tanden, maar beginnen met 28 melk-tanden (puppytanden). Deze melktanden vallen uit tussen de leeftijd van 6 en 18 maanden. Je zult ze waarschijnlijk niet zien uitvallen, maar je kunt merken dat je Golden in deze periode wat meer op dingen kauwt dan normaal. Voldoende kauwspeeltjes zullen hem helpen door het milde ongemak van het tandjes wisselen heen te komen.

De tanden aan de voorkant worden snijtanden genoemd. Deze zijn bedoeld om vlees van botten te plukken. Daarna komen de hoektanden, die lang en scherp zijn. Dit waren oorspronkelijk de tanden die gebruikt werden om te jagen en in hun prooi te bijten. De tanden aan de binnen-kant van de wangen worden premolaren en kiezen genoemd. Dit zijn maaltanden. In combinatie met de kracht van de kauwspieren kunnen ze potentieel door botten heen kauwen.

Tandsteenvorming en Tandvleesontsteking

Tandsteen is een ophoping van voedsel en bacteriën rond de basis van de tand. Dit gebeurt bij alle honden die niet dagelijks hun tanden gepoetst krijgen. Tandsteen leidt tot halitose en daardoor ook tot een slechte smaak in de mond van je hond.

Door tandsteenvorming heeft je hond waarschijnlijk ook gingivi-tis (tandvleesontsteking). Dit is een ontsteking van het tandvlees, op de plek waar tandsteen zich ophoopt. De reden waarom het tandvlees ont-stoken raakt, is omdat tandsteen vol bacteriën zit. Daarom stuurt het lichaam witte bloedcellen naar het gebied om de bacteriën te bestrij-den, maar de toestroom van witte bloedcellen zorgt ervoor dat het ge-bied opzwelt.

Wanneer dit gebeurt, kan dit alleen worden teruggedraaid door het tandsteen te verwijderen. Antibiotica en ontstekingsremmers zullen het probleem tijdelijk verlichten; het lichaam zal echter op deze manier blij-ven reageren op het tandsteen, en daarom zullen de tandvleesontste-king en halitose direct terugkeren.

Gebitsverzorging

Onderzoeken

Het nauwlettend in de gaten houden van de gebitsgezondheid van je hond is een essentieel onderdeel van de zorg voor je hond. Vroege detectie zorgt ervoor dat ernstige gebitsaandoeningen worden voorkomen naarmate je hond ouder wordt.

De beste manier om het gebit van je hond te onderzoeken is op een dag dat hij zich blij en ontspannen voelt. Als hij zich nerveus voelt of in een slecht humeur is, kun je de zaken erger maken door dingen te onderzoeken, en hoewel het niet in de aard van een Golden Retriever ligt om te bijten, is het de moeite waard om voorzichtig te zijn omdat je met de mond werkt.

Begin met het optillen van de voorste lippen en kijk naar de snijtanden. Ze moeten wit of crèmekleurig zijn met minimale tandsteen. Ze mogen niet wiebelen en het tandvlees mag niet terugtrekken. De volgende tanden om naar te kijken zijn de hoektanden. Hierop hoopt zich gemakkelijk veel tandsteen op. Trek ten slotte de wangen helemaal naar achteren om de premolaren en kiezen te bekijken. Het is een veelgemaakte fout om de wangen niet ver genoeg naar achteren te trekken om de achterste tanden goed te kunnen zien, dus let hierop. Gelukkig hebben Goldens vrij grote wangen en wat speling in dit gebied maakt het makkelijker.

Als je een tand ziet die grijs is en veel donkerder dan de rest, is dat een teken dat deze van binnenuit afsterft vanuit het pulpagebied, en zelfs als deze niet wiebelt of bedekt is met tandsteen, moet je dierenarts de tand beoordelen.

Elke keer dat je je hond naar de dierenarts brengt, moet zijn gebit op deze manier worden onderzocht; echter, door elke keer dat je poetst een mentale notitie te maken, en eens per maand bewust moeite te doen om de mond grondig te controleren, zorg je ervoor dat je vroeg eventuele afwijkingen opmerkt.

Tandenpoetsen

Tandenpoetsen lijkt misschien een vreemde bezigheid voor je hond, maar je hond zal je er op de lange termijn dankbaar voor zijn. Dagelijks tandenpoetsen vanaf jonge leeftijd voorkomt tandbederf, tandvleesontsteking en tandsteenvorming.

Poets de tanden van je hond altijd met een hondentandpasta, aangezien menselijke tandpasta vaak een zoetstof genaamd xylitol bevat. Dit is extreem gevaarlijk voor je hond omdat het kan zorgen dat hun bloedglucose drastisch daalt. Dit kan op zijn beurt aanvallen veroorzaken en mogelijk zelfs tot de dood leiden. Hondentandpasta bevat veel enzymen die specifiek het tandsteen van de tand oplossen. Als het tandsteen echter al uitgebreid is, zal het het probleem niet oplossen, maar het zal wel voorkomen dat het erger wordt.

Foto met dank aan
Melissa Morrison

De Golden Retriever is een grote hond, dus je kunt zijn mond poetsen met een kleine menselijke tandenborstel, of een hondentandenborstel aanschaffen. Het voordeel van een hondentandenborstel is dat deze zo is gehoekt dat het poetsen van de achterste tanden gemakkelijker is. Je kunt ook een rubberen vingerborstel gebruiken, die eruitziet als een grote vingerhoed, als dit makkelijker voor je is.

Als je je hond vanaf puppyleeftijd traint om te tolereren dat zijn tanden worden gepoetst, zul je gedurende het leven van je hond veel minder gedoe hebben dan wanneer je in een later stadium begint. Sommige honden hebben een hekel aan de manipulatie, dus training vanaf puppyleeftijd zal hem leren dat het een leuk proces is. Zorg ervoor dat je hem achteraf veel lof geeft met speeltjes of snoepjes, wat hij ook maar prefereert.

Wateradditieven

Er zijn verschillende wateradditieven verkrijgbaar bij dierenwinkels en dierenartsenpraktijken. Deze werken als mondwater voor honden. Je kunt de aangegeven hoeveelheid aan vers water toevoegen en het helpt de adem te verfrissen en alles wat zich op de tanden ophoopt op te lossen.

Deze moeten worden gebruikt naast het poetsen en niet in plaats daarvan, aangezien het handmatig poetsen met de borstel veel effectiever zal zijn dan een vloeistof die over de tanden loopt. Net als tandpasta zit het echter vol enzymen en werkt het op een vergelijkbare manier.

Het is echter zeer belangrijk dat je geen menselijk mondwater gebruikt. Dit is aanzienlijk anders, en als je menselijk mondwater in het water zou doen, kan dit ernstige vergiftiging en inwendige schade bij je hond veroorzaken.

Kauwsnacks

Het is moeilijk om geschikte kauwsnacks te kiezen met zoveel keuze op de markt. Elke fabrikant beweert dat hun snack het meest effectief is, maar uiteindelijk is het beste wat je kunt doen simpelweg er een vinden die je hond lekker vindt.

Tandverzorgingssnacks werken door lichte schuring te veroorzaken wanneer er doorheen wordt gebeten. Het helpt tandsteen te verwijderen door het eraf te zuigen of te breken. Er zijn veel verschillende maten en vormen van snacks beschikbaar. Je Golden Retriever heeft er een nodig die vrij groot is. Te klein en het verwijdert het tandsteen mogelijk niet goed.

Tandverzorgingssnacks moeten worden gegeven als onderdeel van het dagelijkse dieet van je hond en niet als aanvulling daarop. Als je hond dus 1.000 calorieën per dag nodig heeft en de snack 150 calorieën bevat, zorg er dan voor dat je die hoeveelheid voedsel aftrekt van de dagelijks aanbevolen hoeveelheid.

Sommige eigenaren geven de voorkeur aan knokelbotten boven commerciële snacks, en hoewel ze veel natuurlijker zijn dan bewerkte snacks, brengen ze aanzienlijke gevaren met zich mee. Knokelbotten kunnen versplinteren en trauma veroorzaken aan de darmen of maag, en als er grote stukken afbreken die klein genoeg zijn om door te slikken, kan je hond een levensbedreigende darmverstopping ontwikkelen.

Als je een natuurlijke tandverzorgingssnack wilt die minder gevaarlijk is, dan zijn geweien een uitstekend alternatief. Het langzame knagen aan het harde gewei helpt het tandsteen te verwijderen. Geweien versplinteren niet zoals knokelbotten en slijten extreem langzaam, waardoor ze geweldige langdurige alternatieven zijn voor andere beschikbare tandverzorgingssnacks.

Tandverzorgingsvoer

Veel van de topmerken hondenvoer hebben tandverzorgingsdiëten ontwikkeld. Dit zijn droge hondenbrokken met grote stukken erin. Wanneer de hond door de brok bijt, helpt dit het tandsteen van de tanden te verwijderen. De brokstukken zijn meestal een klein beetje zachter dan andere droge hondenbrokken, zodat er een kleine hoeveelheid zuiging ontstaat wanneer de tand uit de brok wordt verwijderd.

Speciaal geformuleerde tandverzorgingsdiëten zijn niet absoluut noodzakelijk om een goede gebitsgezondheid te behouden. Ze worden voornamelijk op de markt gebracht voor honden die al gebitsaandoeningen hebben. Voor Goldens waarvan de eigenaren gebitsaandoeningen willen voorkomen, volstaat normaal kwalitatief droogvoer voor grote honden.

Foto met dank aan
Karan Gogri

93

Tandheelkundige Procedures

Als de mond in zeer slechte gezondheid verkeert, kan je dierenarts voorstellen om je hond voor een tandheelkundige procedure te laten komen. Dit is een dagprocedure waarbij je hond dezelfde dag weer naar huis gaat.

Gebitsbehandelingen vereisen een algehele verdoving, aangezien werken in dat gebied bij een bewuste hond bijna onmogelijk is. Algehele verdoving is over het algemeen zeer veilig bij een gezonde hond; als je hond echter nier- of leveraandoeningen heeft, wil je dierenarts mogelijk vooraf hun bloed controleren en intraveneuze vloeistoffen toedienen om hun bloeddruk stabiel te houden.

Zodra je hond onder verdoving is, zal de dierenarts beginnen met het afbreken van grote gebieden met tandsteen. Vervolgens zal hij alle tanden reinigen om ze schoon en wit te maken. Als ze schoon zijn, zal hij een sonde nemen en deze rond elke tand laten lopen. Als de sonde in de tandkas zakt, betekent dit dat het parodontale ligament beschadigd is en de tand moet worden verwijderd. Sommige tanden hebben meerdere wortels en sommige slechts een enkele wortel. Dit bepaalt meestal hoe moeilijk ze te verwijderen zijn. Een scherp instrument, een elevator genoemd, wordt rond de wortel van de tand geleid om het parodontale ligament te breken voordat de tand wordt uitgetrokken. De tandkas wordt soms daarna dichtgehecht, hoewel sommige dierenartsen er de voorkeur aan geven deze open te laten. Aan het einde van de procedure zal de dierenarts de hele mond polijsten om eventueel resterend tandsteen te verwijderen.

Tandheelkundige procedures klinken ingrijpend; als je hond echter een mond vol bacteriën heeft, zal hij blij zijn met de procedure. Het zal comfort herstellen en slechte adem verwijderen. Desalniettemin kunnen tandheelkundige procedures volledig worden vermeden met routinematige verzorging van het gebit van je Golden, dus probeer er vanaf zeer jonge leeftijd een gewoonte van te maken om de gezondheid van de mond te behouden.

HOOFDSTUK 10
Vachtverzorging

Over de Vacht

Golden Retrievers hebben een prachtige golvende gouden vacht, die kan variëren in kleur. Wanneer een Golden nog een pup is, is de vacht vaak veel lichter dan de uiteindelijke volwassen vachtkleur. Je kunt soms een indicatie krijgen van de toekomstige vachtkleur van je pup door naar de kleur van zijn oorpuntjes te kijken. De vacht wordt echter donkerder naarmate je hond volwassen wordt, en kan in zijn latere levensjaren weer iets lichter worden.

De vacht is middelmatig lang, met uitzondering van de bevedering rond de nek, achterkant van de poten, staart en onder het lichaam. Dit zijn langere gebieden van haar. Je Golden Retriever heeft een "dubbele vacht", wat betekent dat er een ondervacht aanwezig is. Deze helpt je hond warm te blijven in de wintermaanden. Wanneer het weer in de zomer warmer wordt, verliest de ondervacht haar, wat bekend staat als "blazen van de vacht".

Foto met dank aan
Angie Wrightstone

De vacht kan er opvallend mooi uitzien, en hoewel regelmatig onderhoud nodig is om deze in goede conditie te houden, hoef je niet elke week naar de trimsalon te rennen om het uiterlijk te verzorgen.

Vachtgezondheid

De vacht van een Golden is gevoelig voor overmatig verharen, vooral in de zomermaanden wanneer de ondervacht uitvalt. Daarom zal het dagelijks borstelen van je hond helpen voorkomen dat je huis onder de haren komt te zitten. Door dit te doen, vang je alle losse haren op in de borstel, in plaats van ze op de vloer te laten vallen.

De vacht moet minstens één keer per week geborsteld worden, idealiter zelfs dagelijks, maar dit kan relatief eenvoudig worden gedaan. Een handige tip bij het verzorgen is om je hond buiten te borstelen, aangezien er een grote hoeveelheid losse haren kan vrijkomen. De verzorgingsroutine moet vanaf jonge leeftijd worden geïntroduceerd, aangezien sommige honden er niet van houden als dit pas later in hun leven wordt geïntroduceerd.

Wanneer je begint met de vachtverzorging, moet je eerst nadenken over welke hulpmiddelen je nodig hebt. De meest gebruikelijke borstel om aan te schaffen is een slickerborstel. Deze heeft een groot oppervlak en is bedekt met fijne pinnen. Deze borstels zijn uitstekend voor het verwijderen van losse haren, vooral wanneer deze licht verkleefd zijn.

Het volgende gereedschap dat je nodig hebt, is een stalen kam van goede kwaliteit. Deze gebruik je na de slickerborstel om ervoor te zorgen dat de vacht volledig knoopvrij is. Ze worden vaak Greyhound-kammen genoemd. Soms hebben ze zowel wijd- als smalgetande gedeeltes op één kam, of ze zijn verkrijgbaar als afzonderlijke kammen. Bij een Golden Retriever is het echter niet essentieel dat je de kleinste kammen aanschaft.

Golden-verzorgers hebben meestal ook een set scharen en effileerscharen in hun verzorgingskit. De vacht van een Golden Retriever hoeft niet routinematig geknipt te worden, maar het helpt wel om af en toe de weerbarstige gebieden te stylen. De effileerscharen lijken op een kruising tussen een schaar en een kam. Deze zijn uitstekend voor het uitdunnen van gebieden met veel vacht. Je zult misschien merken dat er andere hulpmiddelen zijn om met verharen om te gaan, zoals stripmes of verharingsbladen, maar professionele Golden Retriever-trimmers gebruiken deze zware hulpmiddelen zelden. Een slickerborstel en effileerschaar zouden voldoende moeten zijn om de dikke verharende vacht onder controle te houden zonder deze te beschadigen.

Je lokale trimmer kan helpen met het verzorgen van je Golden als je denkt dat het bijhouden van zijn grote vacht te veel werk zal zijn. Trimmers zullen je hond altijd eerst baden voordat ze de vacht borstelen, wat helpt om hardnekkige klitten te ontwarren. Dit hoeft echter niet dagelijks te gebeuren bij de verzorging thuis. Het is zelfs schadelijk voor de vacht om deze te vaak te wassen, omdat dit de natuurlijke oliën verwijdert. Een afspoeling met water na een modderige wandeling is prima, maar shampoo gebruiken moet alleen wanneer nodig, en niet vaker dan eens per maand, tenzij je dierenarts dit om medische redenen adviseert.

Er zijn veel verschillende shampoos op de markt, en zolang je Golden geen huidallergieën heeft, zijn de meeste prima te gebruiken. Als je echter een milde en voedende shampoo wilt kiezen, dan zijn shampoos op basis van havermout uitstekend. Ook shampoos met tea-tree hebben ontstekingsremmende en antibacteriële eigenschappen.

Externe Parasieten

Er zijn veel kruipende beestjes die graag in de vacht van je hond leven. De meest voorkomende zijn vlooien, maar je kunt er ook mijten, luizen en teken aantreffen. Al deze parasieten worden opgepikt in de omgeving en van andere dieren.

Vlooien leven eigenlijk 90% van de tijd in de omgeving en slechts 10% van de tijd op je hond. Zodra je hond ze in huis heeft gebracht, kunnen ze zich extreem snel vermenigvuldigen. Als je hond dus een vlooienprobleem heeft, zorg er dan voor dat je niet alleen hem behandelt, maar ook al zijn beddengoed in heet water wast, en alle donkere en warme plekken in huis stofzuigt en met een insecticide bespuit. Voorbeelden van zulke plekken zijn onder de banken en achter de kussens.

Teken kunnen worden opgepikt wanneer je met je hond wandelt in gebieden waar herten zijn of waar lang gras groeit. Ze zuigen bloed en zwellen op voordat ze vanzelf afvallen. Ze moeten worden verwijderd zodra ze worden opgemerkt, omdat ze een nare huidinfectie kunnen veroorzaken op de plaats van de beet, en in zeldzame gevallen kunnen ze zeer ernstige ziekten overbrengen. Teken kunnen worden verwijderd met een tekentang, een kleine vork die je rond de basis van het lichaam plaatst, en dan draai en trek je. Deze beweging zorgt ervoor dat de kop niet achterblijft, wat infectie zou kunnen veroorzaken.

De meeste behandelingen tegen externe parasieten werken tegen vlooien, in combinatie met mijten, luizen en/of teken. Het lezen van het etiket is daarom essentieel, aangezien ze niet allemaal hetzelfde zijn. Vlooienbehandelingen moeten routinematig worden toegepast volgens de aanwijzingen van je dierenarts, om bescherming te bieden tegen externe parasieten. Voorkomen is altijd beter dan genezen. Deze behandelingen zijn verkrijgbaar in verschillende vormen die passen bij jou en je hond, zoals pipetten, tabletten, snacks en shampoos.

Nagels Knippen

"Raak hun poten en voeten regelmatig aan zodat ze eraan wennen dat je hun poten vasthoudt voor het knippen van hun nagels. Idealiter zou je hun nagels elke twee weken moeten knippen."

Lori Reuter
Avalor Goldens

Honden hebben vier nagels aan elke poot, en aan de voorpoot zit ook een wolfsklauw aan de binnenkant. Sommige honden hebben ook wolfsklauwen aan de binnenkant van hun achterpoten, maar dit komt niet vaak voor. Al deze nagels moeten regelmatig worden geknipt om ze kort te houden, aangezien ze de neiging hebben om in een gebogen vorm te groeien, wat kan leiden tot beschadiging van de onderkant van de poot, of ze kunnen ergens achter blijven haken en verstuikingen en ontwrichtingen van de tenen veroorzaken.

Het knippen van nagels kan bij sommige honden veel angst veroorzaken, dus het is een goed idee om je hond al op jonge leeftijd te leren stil te blijven en niet in paniek te raken. Begin als pup door met hun poten te spelen en geef ze veel complimentjes wanneer ze niet tegenspartelen. Aangezien Golden Retrievers honden zijn die willen behagen, zijn ze makkelijker dan andere rassen te wennen aan het knippen van nagels.

Je kunt nagelknippers voor honden kopen in de meeste dierenwinkels. Deze zijn veel beter dan menselijke nagelknippers, vooral omdat Golden Retrievers grote, dikke nagels hebben, waar behoorlijk wat kracht voor nodig is om doorheen te komen. Er zijn veel maten om uit te kiezen, maar voor je Golden heb je de grootste nodig.

De nagel bestaat uit keratine, dat geen zenuwen of bloedvaten bevat, dus als je de nagel correct knipt, zal dit geen pijn veroorzaken bij je hond. In het midden van de nagel loopt echter een vlezig gedeelte, het leven genoemd. Als je per ongeluk in het leven knipt, zal het overvloedig bloeden. Hoewel je hond hier niet aan zal doodbloeden, is het in het be-

99

lang van zowel je hond als de vloer om de bloeding te stoppen! Oefen gewoon vijf minuten lang stevige druk uit met een pluk watten om het onder controle te krijgen.

Weten waar het leven eindigt, is meestal gissen bij honden met zwarte nagels, maar als je het geluk hebt een hond met doorzichtige nagels te hebben, dan is het gemakkelijk te zien. Voor honden met zwarte nagels is het beter om kleine stukjes tegelijk af te knippen, in plaats van één grote knip. Als je nerveus bent over het knippen van de nagels van je hond, kan een trimmer of een dierenartsassistent je graag helpen.

Oren Reinigen

Het oor bestaat uit verschillende delen. De flap, die we meestal het oor noemen, heet de oorschelp. Aangezien Goldens een oorschelp hebben die naar beneden hangt, is de binnenkant van het oor gevoelig voor vocht, wat een uitstekende omgeving biedt voor bacteriën en gist om in te groeien. Helaas betekent dit dat ze vatbaar kunnen zijn voor oorontstekingen. Door de oren wekelijks te reinigen, of na elke zwembeurt, zorg je ervoor dat de binnenkant van het oor schoon blijft.

De binnenkant van het oor bestaat uit verschillende delen. Het eerste deel van de uitwendige gehoorgang heet het verticale kanaal, dat naar beneden loopt en dan een bocht van 90 graden maakt en naar binnen loopt richting de hersenen. Dit deel wordt het horizontale kanaal genoemd. Aan het einde bevindt zich het trommelvlies, een zeer dun weefsel. Als dit scheurt, kunnen infecties dieper in het oor doordringen en ernstig worden. Na het trommelvlies komt het middenoor, gevolgd door het binnenoor. Infecties in deze gebieden kunnen het evenwicht beïnvloeden en zijn extreem pijnlijk, terwijl infecties in alleen het buitenoor zeer jeukend zijn en krabben en schudden met het hoofd veroorzaken.

Je dierenarts kan je een oorreiniger verkopen die zij goedkeuren. De kenmerken waar je op moet letten bij een algemene oorreiniger zijn dat deze zacht is, de pH-waarde van het oor handhaaft en helpt bij het losmaken of oplossen van wasophopingen.

Om het oor te reinigen, hoef je alleen maar de oorschelp op te tillen, het tuitje van de oorreiniger zo diep mogelijk in het verticale oorkanaal te plaatsen en te knijpen. Wanneer je het uit het oorkanaal haalt, plaats je snel de oorschelp over de uitgang van het kanaal zodat er niets uit kan komen, en masseer je het gebied ongeveer 30 seconden. Dit geeft de oorreiniger de tijd om zijn werk te doen en het oorsmeer los te maken. Wanneer je loslaat, doe je een stap achteruit, want je hond zal zijn hoofd willen schudden. Dit is een goede zaak omdat het alle oorreiniger en oorsmeer eruit krijgt, maar het kan rommelig zijn en je wilt niet in de vuurlinie staan! Zodra hij klaar is met het schudden van zijn hoofd, neem je wat watten en veeg je alles schoon wat eruit is gekomen.

Anaalklieren

Sommige honden hebben last van verstopte anaalklieren, terwijl anderen hun hele leven zonder leging van de anaalklieren kunnen doorbrengen. Anaalklieren zijn twee kleine zakvormige structuren die aan de binnenkant van de anus zitten, op de 4- en 8-uurpositie. Wanneer de hond ontlasting passeert, worden deze van nature samengedrukt en wordt alles wat erin zit geleegd. Het zijn overbodige structuren zonder functioneel nut, en als ze terugkerende problemen veroorzaken, kiezen sommige eigenaren ervoor om ze te laten verwijderen.

Honden beginnen om drie redenen problemen te krijgen met anaalklieren; de meest voorkomende reden is een verkeerde positie. In plaats van op 4 en 8 uur, kunnen ze zich op de 3- en 9-uurpositie bevinden, wat betekent dat ze niet efficiënt worden geleegd als de hond ontlasting heeft. De tweede reden is wanneer de hond dunne ontlasting heeft. In dit geval drukt de ontlasting niet op de anaalklieren tijdens het passeren, en de zeer waterige delen kunnen de anaalklieren zelfs vullen. De laatste oorzaak van anaalklier-problemen zijn tumoren die in dat gebied kunnen groeien. Deze kunnen ervoor zorgen dat de anaalklieren zich vullen met ontstekingscellen.

Het meest voorkomende teken dat je zult zien als je hond ongemak ervaart met zijn anaalklieren, is het wrijven van zijn achterwerk over de vloer. Dit wordt 'sleeën' genoemd. Andere tekenen die je kunt opmerken zijn het likken van het gebied en een visachtige geur die van je hond komt. Als je denkt dat de anaalklieren van je hond geleegd moeten worden, moet je hem naar je dierenarts of trimmer brengen om ze te laten uitdrukken. Het is geen noodgeval, maar ervan uitgaan dat ze zichzelf zullen oplossen is niet aan te raden, aangezien volle anaalklieren snel kunnen leiden tot abcessen, die veel moeilijker te behandelen zijn.

Golden Retrievers zijn prachtige honden, en door het advies in dit hoofdstuk op te volgen, zul je zeker helpen om je Golden in topconditie te houden. Hij zal er niet alleen geweldig uitzien, maar zich ook geweldig voelen.

HOOFDSTUK 11
Preventieve Diergeneeskunde

Een Dierenarts Kiezen

Zodra je een nieuwe pup of hond hebt aangeschaft, is het belangrijk om kennis te maken met je lokale dierenarts. Het kan lastig zijn om te kiezen naar welke dierenarts je wilt gaan, maar er zijn een aantal zaken waar je rekening mee kunt houden bij het rondkijken.

Locatie

De afstand tot je huis is een belangrijke factor om te overwegen. Hoewel dit misschien niet veel uitmaakt wanneer je je hond voor zijn jaarlijkse controle brengt, zul je dankbaar zijn voor de nabijheid in geval van een levensbedreigende noodsituatie. Tijdige aankomst bij je dierenarts kan het verschil betekenen tussen leven en dood voor je hond.

Financiën

Dierenartsen kunnen concurrerende prijzen hanteren, dus je zult merken dat sommigen goedkoper zijn dan anderen. Grote bedrijven hebben vaak maandelijkse aanbiedingen om verschillende gezondheidsaspecten te promoten. Veel dierenartsenpraktijken bieden ook een huisdierplan aan, waarbij je maandelijks betaalt en in ruil daarvoor mogelijk korting krijgt op consulten en producten, en goedkope of gratis jaarlijkse controles, parasietenpreventie en vaccinaties.

Diensten buiten kantooruren

Sommige dierenartsenpraktijken bieden hun eigen spoeddiensten buiten kantooruren aan voor hun cliënten, terwijl anderen hun spoeddiensten uitbesteden aan een externe aanbieder. Als continuïteit belangrijk voor je is, dan is het vinden van een dierenartsenpraktijk die deze diensten zelf aanbiedt het beste, aangezien zij je hond kennen en je dossiers in hun systeem hebben. Een voordeel van een externe aanbieder is echter de ervaring die zij kunnen meebrengen. De meeste externe spoeddiensten hebben dierenartsen die gespecialiseerd zijn in noodgevallen, met aanvullende kwalificaties op het gebied van intensive care, en daarom hebben zij in geval van nood meer ervaring met het nemen van beslissingen onder druk.

Specialisaties

Hoewel alle dierenartsen een uitgebreide opleiding moeten volgen om dierenarts te worden, hebben sommigen ook postdoctorale kwalificaties. Deze kunnen zijn op gebieden zoals oogheelkunde, orthopedie, cardiologie of dermatologie, om er maar een paar te noemen. Een algemene dierenarts kan je hond altijd doorverwijzen naar deze specialisten; voor sommige eigenaren is het echter belangrijk om toegang te hebben tot specialisten in hun eigen dierenartsenpraktijk.

Extra's

Sommige dierenartsenpraktijken bieden ook extra diensten aan zoals trimsalons, consulten met paraveterinairen, pension, gewichtsbegeleiding en puppycursussen. Bij het kiezen van een dierenartsenpraktijk is het de moeite waard om te overwegen of deze factoren belangrijk voor je zijn.

Vaccinaties

Het is van vitaal belang dat je je hond vanaf puppyleeftijd laat vaccineren. Er zijn gevaarlijke hondenziektekiemen die veelvoorkomend zijn en die de gezondheid en zelfs het leven van je hond kunnen bedreigen. Gelukkig kan er gemakkelijk tegen deze ziekten worden gevaccineerd.

Vaccinaties moeten worden gestart op een leeftijd van 8 weken, of als de hond die je aanschaft ouder is dan dit, zo snel mogelijk. De eerste vaccinatiekuur bestaat uit twee of drie vaccinaties, met enkele weken ertussen, afhankelijk van welke fabrikant je dierenarts gebruikt. De meeste dierenartsen vaccineren verplicht tegen vijf ziekten, en bieden een aanvullende vaccinatie als optie aan.

Parvo is een ziekte die voornamelijk puppy's treft, hoewel honden van elke leeftijd het kunnen krijgen. Het is een dodelijk virus dat bloedingen in de darmen en diarree veroorzaakt. Sommige honden kunnen ook braken. Dit leidt tot snelle uitdroging. Het wordt opgelopen in de omgeving, voornamelijk door fecaal-orale overdracht, of het delen van voer- en waterbakken.

Hepatitis, ook bekend als canine adenovirus, is een ziekte die de lever aantast. De ontsteking in de lever kan koorts, braken, lethargie, diarree, geelzucht en vergrote lymfeklieren veroorzaken, en leidt uiteindelijk tot de dood.

Hondenziekte is een virus dat veel verschillende lichaamssystemen aantast. Het veroorzaakt in eerste instantie braken, niezen en hoesten,

Foto met dank aan
Bruno Rosales

evenals verdikte kussentjes op de poten en de punt van de neus. Zodra het virus zich naar de hersenen heeft verspreid, veroorzaakt het aanvallen.

Leptospirose is een ziekte die verschillende serotypen heeft. Sommige dierenartsen vaccineren tegen de twee meest voorkomende, sommige tegen vier. Het kan vergelijkbare symptomen veroorzaken als hepatitis, zoals braken, diarree en geelzucht, maar het veroorzaakt ook neurologische symptomen. Het tast voornamelijk de nieren, lever, centraal zenuwstelsel en voortplantingssysteem aan.

Kennelhoest is een ziekte waartegen wordt gevaccineerd door het vaccin in de neus te spuiten. Kennelhoest is eigenlijk een complex van ziekten, die meestal worden veroorzaakt door Bordetella en Parainfluenza in combinatie. Kennelhoest veroorzaakt een harde ganzenhoest of hakkende hoest, en kan ertoe leiden dat slijm wordt opgehoest. Het kan gemakkelijk worden verward met braken.

Rabiës is de laatste vaccinatie die van vitaal belang is in delen van de wereld waar het endemisch is. Rabiës is een ziekte die de hersenen aantast en wordt verspreid door speeksel dat bloed heeft besmet. Dit kan door beten zijn, of simpelweg speeksel dat een kras besmet. Het is overdraagbaar op mensen, wat het zo belangrijk maakt.

Hondenziekte, hepatitis en parvo worden vaak gecombineerd in één injecteerbare vaccinatie, die soms ook wordt gecombineerd met leptospirose en mogelijk parainfluenza in één spuit. Als parainfluenza niet in de injecteerbare vorm wordt gegeven, kan het worden gecombineerd met Bordetella in een vaccin dat in de neus wordt gespoten. Rabiës wordt echter gegeven als een afzonderlijke injecteerbare vaccinatie.

Sommige hondeneigenaren geloven niet in vaccinaties en willen daarom hun honden niet laten vaccineren; vaccinaties zijn echter uiterst veilig en de prevalentie van bijwerkingen is extreem laag. Het wordt aangeraden dat een puppy ten minste de eerste reeks vaccins krijgt en de booster op de leeftijd van één jaar, maar daarna, als een eigenaar niet wil vaccineren, kunnen jaarlijks bloedtesten worden gedaan om de immuniteitsniveaus te onderzoeken. Op die manier hoeft de hond alleen vaccinaties te krijgen wanneer de immuniteit daalt, in plaats van elk jaar.

Chippen

Chippen wordt aanbevolen voor alle honden, en in Nederland is het zelfs een wettelijke verplichting. Een microchip is een klein stukje metaal dat onder de huid tussen de schouderbladen wordt ingebracht. Wanneer het wordt gescand door een lezer, geeft het een nummer, dat vervolgens kan worden opgezocht bij het chipbedrijf. Het nummer is uniek en je gegevens worden geregistreerd bij het nummer, dus het is belangrijk om te onthouden deze bij te werken als je verhuist of van telefoonnummer verandert.

De chip wordt ingebracht met een naald, een beetje zoals een injectie, waardoor je hond kort kan piepen, maar de pijn is van zeer korte duur. De dierenarts zorgt ervoor dat het gebied tussen de schouderbladen schoon is voordat de chip wordt ingebracht. Golden Retrievers zijn een moedig ras, dus als je een microchip laat plaatsen bij een volwassen hond, zullen ze waarschijnlijk helemaal niet reageren.

Sterilisatie en Castratie

Als je niet van plan bent om met je Golden Retriever te fokken, is het voor hun gezondheid beter om ze te laten steriliseren of castreren. Voor vrouwelijke honden heet dit steriliseren, en voor mannelijke honden castreren. Er zijn voor- en nadelen aan beide, maar voor de meeste honden wegen de voordelen ruimschoots op tegen de nadelen.

De procedures voor zowel reuen als teven vereisen slechts een dagbezoek aan de dierenarts. Je moet je hond 's ochtends vroeg brengen, zonder ontbijt, en de operatie wordt meestal voor het middaguur uitgevoerd. Ze brengen vervolgens de middag door met herstellen en het uitslapen van de resterende verdoving voordat ze naar huis mogen.

Sterilisatie

Een teef kan op elk moment in haar leven worden gesteriliseerd, maar de meeste dierenartsen zijn het erover eens dat het ofwel vóór de eerste loopsheid moet gebeuren, ofwel drie maanden na de eerste loopsheid. Dit zal rond de leeftijd van een jaar zijn, enkele maanden meer of minder. Zoals vermeld in Hoofdstuk 1, zijn er voordelen aan het wachten tot de leeftijd van één jaar voor Golden Retrievers, omdat de hormonen helpen bij het sluiten van de groeischijven in de botten. Als ze echter vóór de eerste loopsheid wordt gesteriliseerd, is de kans op borstkanker later in het leven bijna nihil. Dit komt omdat borstkanker wordt aangedreven door hormonen, en als ze nooit loops is geweest, is ze nooit blootgesteld aan hoge hormoonspiegels.

Aan de andere kant is een positief effect van bepaalde hormonen, met name oestrogeen, dat het helpt de urethrale sfincter aan te spannen. Dit is een spierband die de uitgang van de blaas sluit en als deze zwak en lekkend wordt, kan de hond urine gaan lekken, vooral bij het lig-

Foto met dank aan
Karan Gogri

gen. Dit wordt meestal pas op oudere leeftijd zichtbaar. Niet alle teven die na de eerste loopsheid worden gesteriliseerd, zullen dit ontwikkelen, maar het is een risicofactor om rekening mee te houden.

Een hond moet niet worden gesteriliseerd binnen drie maanden na een loopsheid. Dit komt omdat de baarmoeder dan erg gezwollen zal zijn en het daarom een moeilijke en riskante operatie kan zijn. Ook is een nadeel dat de hormonen nog steeds hoog in het systeem zullen zijn en daarom kan een sterilisatie te dicht bij de loopsheid een schijnzwangerschap veroorzaken.

Ondanks al deze punten is sterilisatie zeer gunstig voor de hond omdat het het risico op baarmoederontsteking (pyometra), baarmoederkanker en eierstokkanker elimineert. Deze zijn allemaal levensbedreigend.

Castratie

De castratieoperatie is veel eenvoudiger dan de sterilisatieoperatie, en ook aanzienlijk sneller. Het castreren van een hond elimineert de kans op teelbal- en bijbalkanker, en vermindert aanzienlijk het risico op prostaathyperplasie (vergroting) en prostaatkanker.

Het castreren van een hond helpt ook ongewenst gedrag te beheersen. Hij zal minder geneigd zijn om weg te lopen of te zwerven, en agressie zal aanzienlijk verminderen.

Castratieoperaties kunnen op elk moment worden uitgevoerd vanaf het moment dat twee testikels in het scrotum zijn ingedaald. Dit kan al vanaf enkele maanden oud zijn; het wordt echter aanbevolen dat je hond ten minste zes maanden oud is, of zelfs ouder dan een jaar voor Goldens zoals eerder vermeld, aangezien jonge puppy's een plotselinge daling van het glucosegehalte kunnen hebben wanneer ze worden geopereerd, wat het herstel kan vertragen.

Inwendige Parasieten

Parasietenbestrijding is van vitaal belang voor de gezondheid van je hond. Uitwendige parasietenbestrijding wordt besproken in Hoofdstuk 10, maar ook inwendige parasieten moeten worden bestreden.

Inwendige parasieten bestaan voornamelijk uit rondwormen en lintwormen; echter, hartworm en protozoa zoals Giardia moeten ook worden overwogen. Een behandeling, verkregen bij je dierenarts, die elke drie maanden wordt gegeven, helpt bij het vermijden van deze infecties. Als je echter in een gebied woont waar longworm endemisch is, is het raadzaam om maandelijks te ontwormen om te voorkomen dat je Golden Retriever dit oploopt.

Inwendige parasieten kunnen worden opgelopen door te azen tijdens wandelingen, in contact te komen met andere honden of hun uitwerpselen, bakken te delen, of vies water te drinken. De uitzondering is longworm, die wordt opgelopen door het eten van slakken. Golden Retrievers vinden het heerlijk om dingen op te pakken tijdens wandelingen, dus alert zijn op wat je hond doet, vermindert de kans dat hij parasieten oploopt.

Huisdierenverzekering

Een huisdierenverzekering helpt bij het dekken van potentiële dierenartsrekeningen die in de duizenden euro's kunnen lopen. Veel mensen hebben dat niet op hun spaarrekening staan en dierenartsen vereisen meestal betaling vooraf voordat het dier naar huis mag.

Er zijn verschillende soorten polissen beschikbaar, dus het zorgvuldig lezen van de kleine lettertjes en het selecteren van de optie die het beste bij je past, is in je eigen belang. Sommige verzekeringsmaatschappijen geven je een geldbedrag per aandoening, dat elk jaar wordt vernieuwd, terwijl sommige maatschappijen een geldbedrag per aandoening bieden voor het hele leven. Andere maatschappijen geven je een geldbedrag voor alle gezondheidszorg dat elk jaar wordt vernieuwd.

Daarnaast zal het eigen risico verschillen van maatschappij tot maatschappij, en een hoger eigen risico kan de jaarlijkse betaling verminderen; het vereist echter dat je meer bijdraagt aan de claim. Ook zullen sommige verzekeraars je verplichten om een percentage van de kosten te betalen als je hond ouder is dan een bepaalde leeftijd.

Desalniettemin zal een huisdierenverzekering je op de lange termijn veel geld besparen als er iets met je hond gebeurt, en zal het je dierenarts in staat stellen om hem de beste zorg te bieden zonder financiële zorgen.

Uiteindelijk, als je uitstekende preventieve diergeneeskundige zorg biedt aan je hond, zal hij je er dankbaar voor zijn, omdat hij zo gezond mogelijk zal zijn, en wat is er beter dan een gelukkige, gezonde Golden Retriever?

HOOFDSTUK 12
Ziekten bij de Golden Retriever

"Goldens delen verschillende genetische zorgen. Een specifieke oogaandoening genaamd pigmentaire uveïtis (of in de volksmond Golden Retriever Uveïtis) is een ernstige kwaal. Specifieke vormen van kanker, vooral Hemangiosarcoom, zijn een zorg voor liefhebbers van Goldens. SAS is een hartaandoening die tegenwoordig beter onder controle is dan vroeger, maar vereist echt fokkers die hun honden op hartafwijkingen hebben laten controleren voordat ze ermee fokken."

Jill Simmons
PoeticGold Farm

Hoewel alle eigenaren streven naar een gelukkige, gezonde hond, zijn er helaas enkele genetische aandoeningen die je hond kan krijgen, ongeacht hoe gezond hij is. Maar alleen omdat het ras aanleg heeft voor een bepaalde aandoening, betekent dit niet dat jouw hond er zeker aan zal lijden op een bepaald moment in zijn leven. Als eigenaar van een Golden Retriever zijn er enkele aandoeningen waarvan je extra bewust moet zijn, zodat je bij het opmerken van symptomen sneller naar de dierenarts kunt gaan. Op die manier krijgt je hond zo vroeg mogelijk de beste behandeling, om de voortgang van de ziekte snel na het begin te stoppen.

Hartaandoeningen

Aortastenose

Ook bekend als subaortastenose (SAS), dit is een hartaandoening die een vernauwing van de uitgang van het hart veroorzaakt. De linkerkant van het hart pompt zuurstofrijk bloed dat terugkomt van de longen naar het lichaam, dus wanneer de uitgang vernauwd is, ontstaat er meer weerstand en moet de hartspier aanzienlijk harder samentrekken om het bloed naar buiten te duwen.

Net als elke spier die hard werkt, zal het geleidelijk groter worden. Maar in tegenstelling tot spieren in andere delen van het lichaam, waar

Foto met dank aan Kellie Blood

grote spieren sterke spieren betekenen, kan het hart niet goed omgaan met vergroting. Als gevolg hiervan hoopt het bloed zich op aan deze kant van het hart naar de longen, waar het vandaan komt. Een verhoogde druk in het opgehoopte bloed zorgt ervoor dat vocht uit de ader lekt naar het omliggende weefsel, in dit geval de longen. Bij ernstige gevallen raken de longen gevuld met vocht en zal de hond hoesten. Een ander symptoom kan lusteloosheid of flauwvallen zijn doordat er niet genoeg zuurstofrijk bloed naar de andere delen van het lichaam wordt gepompt.

Naast klinische symptomen wordt het gediagnosticeerd door middel van een echoscan van het hart. Als het vroeg wordt ontdekt, kan een veterinaire cardioloog deze aandoening behandelen om de uitgang van het hart te verwijden, wat het leven van de hond aanzienlijk zal verbeteren. Als het echter laat in het ziekteproces wordt gediagnosticeerd, wanneer het hart al vergroot is en de longen al aangetast zijn, dan zijn er uitstekende medicijnen om de bloeddruk te verlagen, minder stress op het hart te zetten en vocht in de longen te verminderen.

Pericardiale Effusie

Het hart wordt omgeven door een weefselzak die het pericard wordt genoemd. Wanneer deze zich vult met vocht, beperkt dit het vermogen van het hart om effectief te pompen. Hoewel beide zijden worden aange-

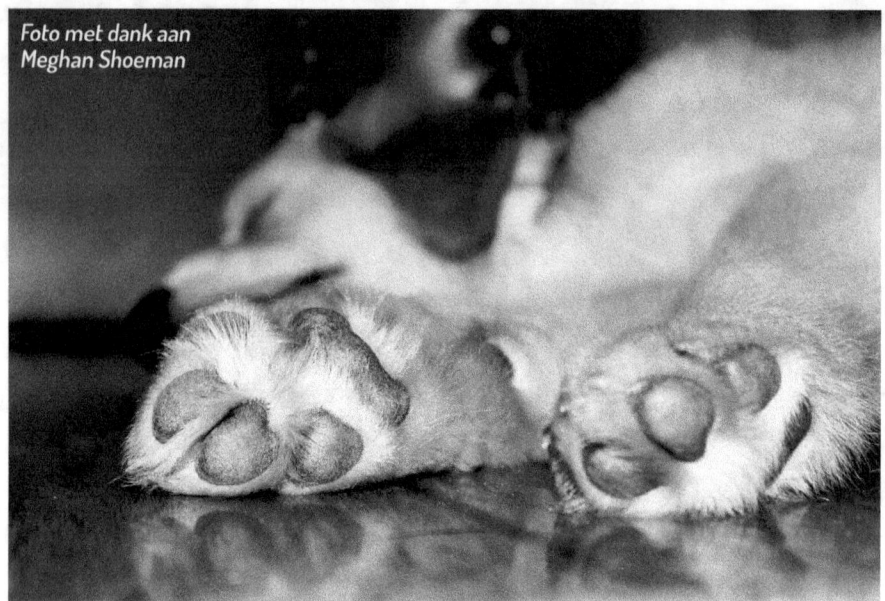

Foto met dank aan
Meghan Shoeman

tast, heeft de rechterkant van het hart dunnere wanden en kan daarom meer aangetast worden dan de linkerkant. Het bloed dat naar de rechterkant van het hart gaat, komt van het lichaam, zodat het naar de longen kan worden gepompt om weer zuurstofrijk te worden. Als dit bloed zich ophoopt op weg naar het hart, kan er vocht uit de bloedvaten in de buikholte lekken.

De oorzaak van pericardiale effusies is soms van kankereuse oorsprong; meestal een tumor aan de buitenkant van het hart. Het kan echter ook idiopathisch zijn, wat betekent van onbekende oorsprong. Er was een onderzoek in een Brits dierenziekenhuis naar 143 gevallen van pericardiale effusies, waarvan 47 gevallen Golden Retrievers waren. Van die 47 gevallen hadden er zeven een tumor, en de andere 40 hadden geen bekende oorzaak.

Je dierenarts zal een vermoeden hebben van pericardiale effusie als je hond plotseling erg lusteloos is geworden of is begonnen met flauwvallen of hoesten, want wanneer hij naar het hart luistert, zal het klinken als een wasmachine in plaats van een kloppend geluid. Dit kan worden bevestigd met een echografie of röntgenfoto. De meeste dierenartsen kunnen het vocht rond het hart in een algemene praktijk draineren; helaas, als de oorzaak kanker is, zal het zich waarschijnlijk gewoon weer vullen. Als het echter van idiopathische oorsprong is, kan het draineren van het pericard genezend werken.

Dermatologische Aandoeningen

Atopische Dermatitis

Er zijn verschillende meningen over de vraag of Golden Retrievers een verhoogd risico hebben op huidallergieën, ook wel atopische dermatitis genoemd, en het lijkt erop dat dit verschilt per geografische locatie.

Huidallergieën kunnen verschillende oorzaken hebben: voedsel, de omgeving of beten. Wanneer je hond een opflakkering heeft, zal hij extreem jeukend zijn en kan hij verschillende delen van zijn lichaam krabben en likken, zoals zijn poten, oksels, buik en de binnenkant van zijn achterpoten. Hij kan ook een opflakkering van zijn oorkanalen hebben en overmatig met zijn hoofd schudden om zijn jeukende oren te verlichten.

Als je regelmatig behandelt tegen externe parasieten om ze te voorkomen, dan is de allergie waarschijnlijk niet te wijten aan deze, maar ze moeten worden uitgesloten met een controle bij de dierenarts. Bij een vlooienallergie is slechts één beet nodig om je hond jeuk te bezorgen.

Voedselallergieën moeten eerst worden uitgesloten met een eliminatiedieet. Deze zijn verkrijgbaar bij je dierenarts. Deze diëten hebben alle eiwitmoléculen gehydrolyseerd, wat betekent dat het lichaam ze niet kan herkennen om erop te reageren. Dit dieet moet zes weken worden gegeven, zonder tussendoortjes of etensresten. Als je hond aanzienlijk is verbeterd, dan moeten verschillende smaken vlees geleidelijk weer worden geïntroduceerd om te zien wat de allergie doet opflakkeren.

Als zowel parasieten als voedselallergieën zijn uitgesloten, blijft de omgeving over als oorzaak. Dit kan komen door contact met een allergeen, zoals vloerreiniger of lang gras, of door inademing, zoals pollen. Deze allergieën zijn moeilijk onder controle te krijgen omdat ze niet kunnen worden vermeden. Er zijn verschillende behandelingsmogelijkheden, die zich richten op drie dingen: behandel opflakkeringen, voorkom toekomstige opflakkeringen en behoud de gezondheid van de vacht. Allergieën kunnen niet worden genezen.

Foto met dank aan Ashley DeFrancesco

Er zijn verschillende tabletten verkrijgbaar bij je dierenarts om de jeuk te verlichten. Steroïden zijn veruit het goedkoopst, maar hebben grote bijwerkingen en belasten de lever zwaar. Er zijn andere opties die de immuunrespons op de allergenen verminderen, maar die zijn kostbaarder.

Een andere optie is dat je dierenarts een vaccinatie tegen het allergeen formuleert. Dit wordt toegediend met toenemende intervallen, bijvoorbeeld eerst met 2 dagen ertussen, dan 4, dan een week, enzovoort. Deze zijn effectief voor veel honden; de reactie is echter niet onmiddellijk.

Ten slotte moeten diëten die omega-3 en omega-6 bevatten elke therapie aanvullen. In de juiste verhouding hebben ze uitgesproken ontstekingsremmende effecten. Ze helpen ook bij het opbouwen van de lipidelaag van de huid om een betere barrière tegen externe allergenen te bieden.

Nat Eczeem

Nat eczeem staat ook bekend als acute vochtige dermatitis of 'hot spots'. Golden Retrievers hebben een hogere incidentie van nat eczeem en honden onder de vier jaar hebben een verhoogd risico.

Het is simpelweg een gebied van bacteriële infectie dat rood, vochtig en extreem jeukend is. Je hond zal het gebied voortdurend willen likken, maar dit werkt averechts omdat het ervoor zorgt dat de infectie zich veel sneller verspreidt. Vaak is het natte eczeem veel uitgebreider dan de eigenaar beseft vanwege de dikke vacht van een Golden Retriever.

Je dierenarts zal het onmiddellijk herkennen en zal beginnen met het wegknippen van het haar om de omvang ervan te onthullen, en ook om de frisse lucht bij het gebied te laten komen. Hij zal het gebied reinigen met antisepticum, wat je moet blijven doen totdat het begint te genezen. Je hond zal een lange kuur antibiotica nodig hebben – vaak meerdere weken – en een kraag om zijn nek moeten dragen om te voorkomen dat hij likt.

Hypothyreoïdie

Hypothyreoïdie is wanneer de schildklier niet efficiënt werkt. Dit kan verschillende oorzaken hebben; bij de Golden Retriever is het echter meestal te wijten aan de aanwezigheid van schildklierhormoon auto-antilichamen (THAA). Deze vallen de schildklier aan. De schildklier speelt een vitale rol in de stofwisseling, dus een hond met hypothyreoïdie zal traag zijn met een toegenomen gewicht ondanks een verminderde eetlust. Hij kan ook een slechte huidbarrière en dunner haar hebben, door verhoogde haaruitval.

Hypothyreoïdie kan niet worden genezen, maar kan zeer effectief worden behandeld met dagelijkse tabletten, waarmee je hond een normaal leven kan leiden.

Hemangiosarcoom

Golden Retrievers hebben een verhoogd risico op een tumor genaamd hemangiosarcoom. Deze tumor ontstaat aanvankelijk in de milt, maar kan zich verspreiden naar de lever, het omentum en de longen. Tekenen van deze tumor zijn niet-specifiek en je merkt misschien alleen een traagheid van je hond en bleek tandvlees op. Een dierenarts zal echter een massa in de buik kunnen voelen, en hij kan het opmerken tijdens een routinecontrole bij een jaarlijkse vaccinatie.

Hemangiosarcoom-tumoren zijn gevaarlijk en kunnen massale bloedingen uit de milt veroorzaken die tot plotselinge dood kunnen leiden. Als de tumor zich niet heeft verspreid naar andere organen, kan de milt via een operatie worden verwijderd. De meeste dierenartsen in de algemene praktijk kunnen deze operatie uitvoeren, maar het is langdurig en niet zonder risico. Zonder de operatie is de prognose echter zeer slecht, en daarom zullen veel eigenaren het rechtvaardigen om op die basis door te gaan met de operatie. Eenmaal geopereerd zal je hond een normaal leven kunnen leiden zonder milt.

Gewrichtsaandoeningen

Elleboogdysplasie

Elleboogdysplasie is een veel voorkomende oorzaak van kreupelheid in de voorpoten bij jonge honden. Golden Retrievers hebben een hoog risico op deze aandoening. Elleboogdysplasie is wanneer delen van de elleboog, zoals het mediale coronoïd proces of anconeus proces, zich niet goed hebben ontwikkeld en losgeraakt zijn.

Het is een genetische aandoening en daarom moeten alle fokhonden röntgenfoto's krijgen om de gezondheid van de ellebogen te bevestigen voordat ermee wordt gefokt.

Elleboogdysplasie kan worden verbeterd via gewrichtsoperatie om eventuele fragmenten te verwijderen. Conservatief management is ook een optie, wat inhoudt: ontstekingsremmers wanneer nodig, gecontroleerde beweging waaronder hydrotherapie, en gewrichtssupplementen, die verder worden besproken in Hoofdstuk 16.

Heupdysplasie

Foto met dank aan Chris Wicks

De heup bestaat uit een kogelgewricht, waar de bovenkant van het dijbeen de bekken ontmoet. De bovenkant van het dijbeen moet perfect rond zijn en in de kom passen als een puzzelstukje, maar wanneer een hond heupdysplasie heeft, passen de vormen niet bij elkaar. Het is meestal de kogel, in plaats van de kom, die is aangetast. Dit kan ervoor zorgen dat de heup uit de kom raakt als het ernstig is, en veroorzaakt een zwaaiende gang en kreupelheid in de achterpoten.

Net als elleboogdysplasie is heupdysplasie ook van genetische oorsprong, en daarom moeten de ouders worden gecontroleerd voordat ze worden gebruikt voor de fok. Er zijn verschillende chirurgische opties, zoals het vervangen van de heup door een implantaat, of het vastzetten ervan als het zeer ernstig is en financiën een probleem zijn, maar conservatief management wordt vaker uitgevoerd, wat hetzelfde is als voor elleboogdysplasie.

Osteochondrosis Dissecans

Osteochondrose, ook bekend als OCD, is een aandoening die meestal duidelijk wordt tussen 4 en 12 maanden oud. De uiteinden van alle botten beginnen als kraakbeen, maar wanneer een pup OCD heeft, zet het zich niet om in bot. In plaats daarvan wordt het verdikt kraakbeen, dat gefragmenteerd kan raken of een flap kan veroorzaken, en als gevolg daarvan aanzienlijke gewrichtspijn geeft.

De gewrichten die bij Goldens het meest worden aangetast, zijn de schouder en de knie, hoewel het in elk gewricht van de ledematen kan voorkomen, en daarom kan de kreupelheid zowel in de voor- als achterpoot optreden. Het wordt gediagnosticeerd met een röntgenfoto en behandeld met verwijdering van het losse kraakbeen via artroscopie, waarbij een kleine camera in het gewricht wordt geplaatst.

Alle gewrichtsaandoeningen van Golden Retrievers worden gezien bij jongere honden; ze zullen echter geleidelijk overgaan in artritis als ze niet adequaat worden behandeld of beheerd. Artritis wordt verder besproken in Hoofdstuk 16.

Progressieve Retina Atrofie

Afgekort tot PRA, progressieve retina atrofie is een recessief erfelijke ziekte. Er kan op worden getest bij fokdieren, en het is het verantwoordelijke om te doen voor iedereen die van plan is met een Golden te fokken.

Het veroorzaakt geleidelijk gezichtsverlies, dat begint met nachtblindheid. Dit komt doordat de achterkant van het oog, bekend als het netvlies, geleidelijk verslechtert. Er is geen behandeling voor PRA, en het zal altijd leiden tot blindheid aan beide ogen.

Ectopische Ureters

De ureter is de buis die urine van de nieren naar de blaas voert, waar het wordt opgeslagen totdat er genoeg is voor de hond om het te lozen. Het woord ectopisch betekent "buiten", en ectopische ureters zijn precies dat. Het treedt op wanneer de ureters buiten de blaas eindigen, meestal in de urethra, de buis die de urine van de blaas naar buiten het lichaam voert. Als gevolg hiervan zullen honden met ectopische ureters voortdurend urine lekken.

Over het algemeen komt het vaker voor bij vrouwtjes, en is het meestal duidelijk voor de leeftijd van één jaar. Er is niets medisch wat aan de aandoening kan worden gedaan, en operatie is de enige optie om de anatomische afwijking te corrigeren. Tijdens het wachten op de operatie moet het haar kort worden gehouden rond het gebied waar de urine lekt om urineverbranding te voorkomen, en moet het gebied regelmatig worden gereinigd.

Goldens zijn vatbaar voor veel ziekten, waarvan vele van genetische oorsprong zijn, maar dat is vaak het geval bij elk ras van rashonden. Door zorgvuldige selectie van je pup uit gezonde geteste ouders, heb je de beste kans om een hond te hebben die een gezond leven zal leiden. Niettemin is het belangrijk dat alle Golden Retriever-eigenaren zich bewust zijn van de mogelijke ziekten en proactief veterinair advies inwinnen als een van de symptomen zich voordoet.

HOOFDSTUK 13
Werken

"De meeste mensen realiseren zich misschien niet dat dit ras echt een werkras is, waarbij het apporteren genetisch verankerd is en dat deze aangeboren eigenschap keer op keer bewijst dat het trainen van een retriever met de beloning van apporteren zo goed als goud is."

Gina Carr
Brier Golden Retrievers

De aangeboren intelligentie en trainbaarheid van de Golden Retriever betekent dat dit ras bij uitstek geschikt is om in een grote verscheidenheid aan situaties te werken. Het is een compliment aan het aanpassingsvermogen van het ras dat je Golden Retrievers in alle lagen van het werkende leven kunt vinden: in het veld, in huis, in stedelijke omgevingen, in havens en op luchthavens. Honden die hun roeping vinden in het werken naast hun mensen worden meestal zorgvuldig geselecteerd bij de geboorte en vanaf jonge leeftijd intensief getraind, hoewel hun potentieel in bepaalde omstandigheden ook in een asiel kan worden ontdekt. Hoewel dit boek zich voornamelijk richt op gezelschapsdieren, is het de moeite waard om te erkennen hoe bekwaam en aanpasbaar de Golden Retriever is door te kijken naar enkele gebieden waarop hij aan het werk kan worden gevonden.

Veldwerk

De Golden Retriever werd oorspronkelijk gefokt als jachthond, zoals uitgelegd in Hoofdstuk 2. Het ras werd ontwikkeld vanwege zijn uithoudingsvermogen, trainbaarheid, zachte bek en het vermogen om te werken in terrein met moerassen en beekjes. Tegenwoordig zijn deze werkeigenschappen meestal van secundair belang ten opzichte van het evenwichtige, vriendelijke karakter van de Golden Retriever als gezelschapshond, en het ras heeft een splitsing laten zien. Degenen die van plan zijn een Golden Retriever in het veld te gebruiken, zullen specifiek zoeken naar werklijnen. Honden uit deze lijnen kunnen te energiek blijken om in het plaatje van de rustige gezinshond te passen. Ze kunnen zelfs in de opvang belanden als ze onbedoeld zijn aangeschaft door een eigenaar die op zoek was naar een huisdier, om vervolgens te ontdek-ken dat ze meer op hun bordje krijgen dan ze hadden verwacht. Het is dus mogelijk om een werkende Golden Retriever in een asiel te vinden, maar het is onwaarschijnlijk dat hij de vroege jachthondentraining heeft gehad om hem voor te bereiden op het zijn van een jachthond als hij heel vroeg is afgestaan. In ervaren handen kan hij echter nog steeds zijn roeping vinden.

In de praktijk worden Golden Retrievers in het veld enigszins over-schaduwd door hun Labrador-neven. Een nadeel van het ras is hun lan-ge vacht, die in natte, modderige omstandigheden veel meer onder-houd vergt dan de korte vacht van de Labrador. Ze kunnen ook minder gangbaar zijn omdat ze meer kunnen kosten dan een Labrador. Maar de meest waarschijnlijke verklaring is dat de Golden Retriever zo'n uitste-kend succes heeft bewezen als gezelschapshond, dat fokkers zich con-centreren op het produceren van de rustigere lijnen en werklijnen een beetje een specialiteit zijn geworden.

*Foto met dank aan
David A Ring*

119

Golden Retrievers werken anders in het veld dan Labradors. De Labrador heeft zijn neus op de grond om een geurspoor te volgen, terwijl de Golden Retriever op luchtgeur afgaat en de neiging heeft zijn kop omhoog te houden. Ze staan bekend om hun uitstekende vermogen om wild te vinden en een unieke elegantie in het veld die hen zeer geliefd maakt bij ervaren jagers.

Als je een puppy uit werkende lijnen hebt gekocht met de bedoeling hem als jachthond te gebruiken, begint de training op kleine schaal vanaf de dag dat je hem thuisbrengt. Een vroege band zal helpen om jullie partnerschap op te bouwen, zodat de hond alleen maar bij jou wil zijn. Hij moet manieren en vertrouwen leren. Een sterke band zal angst overwinnen en ervoor zorgen dat je hond naar je luistert en in het veld bij je terugkomt.

Formele jachthondentraining moet niet beginnen voordat de pup zes of zeven maanden oud is om het hondenbrein niet te 'overkoken'. In dit stadium leren ze reageren op het fluitje. Eigenaren kunnen ervoor kiezen om hun hond naar jachthondencursussen te sturen als ze zelf geen ervaring hebben, maar het partnerschap met de hond moet altijd de hoofdprioriteit blijven. Daarom kan de training niet volledig worden uitbesteed.

Het is behoorlijk verrassend dat de Golden Retriever zwemvliezen heeft! Hij is niet helemaal een eend, maar deze raseigenschap komt van zijn waterhondenvoorouders en is een voordeel voor hem bij het werken in moerasachtig terrein.

Hulphonden

Een hond die individueel is getraind om taken uit te voeren die een persoon met een beperking in staat stellen een zelfstandiger leven te leiden, staat bekend als een hulphond of een assistentiehond. De Golden Retriever is een zeer favoriet ras op dit gebied vanwege hun hoge intelligentie en leervermogen, en het feit dat ze alles binnen hun mogelijkheden zullen doen voor hun mens. Golden Retrievers gedijen ook op het gebruik van hun hersenen.

De rol die het meest wordt geassocieerd met Golden Retrievers in de context van hulphonden is die van blindengeleidehond. Geleidehonden kunnen niet alleen helpen met taken in huis, ze hebben ook de belangrijke verantwoordelijkheid om hun baasje veilig te houden op openbare plaatsen. Ze vervullen ook de belangrijke rol van gezelschap, aangezien het hebben van een beperking erg isolerend kan zijn. De constante aanwezigheid van een zachtaardige hond kan iemand met een beperking helpen om de uitdagingen van het dagelijks leven aan te gaan. Geleidehonden worden gefokt uit gespecialiseerde fokprogramma's om ervoor te zorgen dat de pup de juiste karaktereigenschappen erft om een hulphond te zijn. Ze moeten in uitstekende gezondheid verkeren, zelfverzekerd en responsief zijn, maar gefocust blijven en niet afgeleid worden. Op een leeftijd van 8-10 weken beginnen ze aan een trainingsprogramma tot ze 12-18 maanden oud zijn. Ze worden tijdens deze periode beoordeeld om te zien of hun toekomst ligt als geleidehond, therapiehond of gezelschapshond.

Op een leeftijd van 16 tot 18 maanden beginnen de honden die geselecteerd zijn als geleidehond met hun formele training. Gedurende deze periode hebben ze echter ook tijd om te spelen, wandelen, kauwen en dutjes te doen, net als elke huishond, omdat ze zich comfortabel moeten voelen in een thuisomgeving, hoe formeel hun training ook is geweest. Op tweejarige leeftijd worden ze gekoppeld aan hun nieuwe eigenaar, die zelf zal worden getraind voor het nieuwe partnerschap. Golden Retrievers worden ook ingezet als hulphonden voor doven.

Honden die niet doorgaan als geleidehonden kunnen hun roeping vinden als therapiehonden. De kwaliteiten die van een therapiehond worden gevraagd, zijn een rustig temperament en een vriendelijke aard, dus deze rol is ideaal geschikt voor een Golden Retriever. Therapiehonden gaan om met mensen om hun emotionele welzijn te verbeteren. Onderzoek heeft aangetoond dat spelen met een hond de serotonine en dopamine kan verhogen, wat een gevoel van tevredenheid bevordert. Golden Retrievers worden soms gekozen als inwonende therapiehonden, bijvoorbeeld voor mensen met autisme. Therapiehonden wonen echter meestal niet bij de persoon in kwestie, maar zijn eigendom van een toegewijde begeleider die de hond meeneemt naar ziekenhuizen, verzorgingstehuizen en particuliere woningen voor kortdurende interacties. Het is daarom nuttig dat de Golden Retriever iedereen onvoorwaardelijk liefheeft en altijd klaar staat om de dag van een volslagen vreemde op te vrolijken.

Foto met dank aan
Meghan Shoeman

Een interessant feit is dat een Golden Retriever als hulphond kan worden getraind om lichten aan en uit te doen, deuren te openen en te sluiten, en zelfs de wasmachine te laden!

Zoek- en reddingshonden Golden Retrievers blinken uit als zoek- en reddingshonden honden, niet alleen vanwege hun trainbaarheid, verlangen om te behagen en stabiele temperament, maar omdat ze een uitstekend reukvermogen hebben. Dit maakt hen ideaal geschikt voor het opsporen van vermiste personen, of bij natuurrampen waarbij mensen onder puin of een lawine bedolven kunnen zijn. In deze extreme omstandigheden dient hun dikke vacht als bescherming. Golden Retrievers zijn het ras dat het vaakst wordt gezien bij massale reddingsoperaties, en er wordt beweerd dat ze het werk van 20-30 mensen kunnen doen. Zoek- en reddingsoperaties zijn altijd een race tegen de klok, dus ze zijn echt de helden van onze tijd en hebben wereldwijd talloze levens gered.

Omdat Golden Retrievers bijzonder goed zijn in het opvangen van luchtgeuren, hebben ze geen laatst-geziene-positie nodig, maar kunnen ze menselijke geur overal in het gebied oppikken. Ze kunnen worden gebruikt om slachtoffers te vinden die nog in leven zijn, of dode lichamen door ontbindingsgassen op te pikken. Golden Retrievers kunnen deze zelfs in water detecteren. Ze worden ook gebruikt als bewijshonden door items te detecteren waarop menselijke geur zit, hetzij van een levend persoon, hetzij de geur van een dood lichaam.

Om een zoek- en reddings hond te worden, moeten zowel de hond als de begeleider een grondige training ondergaan. Officiële zoek- en reddings training kan pas beginnen als de hond volgroeid is rond 18 maanden, en duurt tussen de zes maanden en twee jaar. Zoals bij alle werkdisciplines kan de begeleider met zijn puppy beginnen met de basis in gehoorzaamheid, vertrouwen en het opbouwen van een band.

Zowel begeleiders als honden hebben een nationale certificering nodig om deel te nemen aan zoek- en redding, en deze moet elke paar jaar worden vernieuwd.

Soms wordt een asielhond herkend als geschikt voor dit werk, en door zelf gered te worden, gaat hij uiteindelijk ook anderen redden. De Canadese Search Dog Association heeft het motto, Fide Canem, wat betekent "Vertrouw de Hond." Dit is het fundamentele principe bij zoek- en redding en de reden waarom zoveel mensen hun leven te danken hebben aan een Golden Retriever.

Golden Retrievers hebben 300 miljoen geurreceptoren in hun neus, vergeleken met een mens, die er slechts 6 miljoen heeft. Hun reukvermogen is dus 50 keer sterker dan dat van een mens!

Politiehonden

Naast zoek- en redding maakt de gevoelige neus van de Golden Retriever hem een aanwinst voor de politie, waar zijn scherpe reukvermogen kan worden getraind om explosieven en verdovende middelen op te sporen.

De Golden Retriever is niet het ras dat het meest wordt geassocieerd met politiewerk; deze eer valt toe aan de Duitse Herder, aangezien een zekere mate van natuurlijke agressie vereist is voor beschermingstaken, die de zachtaardige Golden Retriever niet bezit. Maar aan de andere kant, afgezien van zijn uitstekende neus, heeft de Golden Retriever een verlangen om te werken en leert hij snel, waarbij hij een band opbouwt met zijn begeleider, en dat is waarom veel Goldens de status van K9 verdienen als gespecialiseerde speurhonden.

Je zult Golden Retrievers aan het werk zien op dit gebied op luchthavens, in havens en bij grensovergangen. Met hun superieure reukvermogen worden ze getraind om explosieven, vuurwapens, illegale drugs, illegale importen zoals dieren of dierlijke producten, bloed, valuta en zelfs illegale elektronica te herkennen. Het lijkt misschien al wonderbaarlijk genoeg dat de neus van een hond deze items kan herkennen, maar daarnaast kan de speurhond ze zelfs identificeren wanneer ze gemaskeerd

zijn door andere geuren, wat smok-
kelaars zullen proberen in een ver-
geefse poging om de neus van een
Golden Retriever te slim af te zijn.

Foto met dank aan
Melissa Morrison

Wanneer de Golden Retriever
speurhond de doelgeur oppikt, zal
hij dit aan zijn begeleider signale-
ren door te krabben aan het oppervlak bij de bron van de geur, of door
er dichtbij te gaan zitten. De begeleider zal uiterst afgestemd zijn op de lichaamstaal van zijn hond.

Typisch kan een speurhond
een voertuig bij een grens in ongeveer 5 minuten grondig onderzoeken, vergeleken met de 20 minuten
die een agent zonder hond zou nemen om een rudimentaire zoektocht
uit te voeren. Het spreekt dus voor
zich dat speurhonden niet alleen grondiger zijn, maar ook de verkeers-
stroom op gang houden en vertragingen tot een minimum beperken bij
grensovergangen.

Net als bij zoek- en redding komen politiespeurhonden soms uit
asielen. Sommige korpsen hebben ook hun eigen fokprogramma's. Honden kunnen zowel reu als teef zijn en tussen de 1 en 3 jaar oud om te beginnen met werken. Speurhonden werken een achturige dag en hun car-
rière duurt tot acht jaar, waarna ze meestal door hun begeleider worden
geadopteerd. Anders wordt er een goed thuis voor ze gevonden.

Wat je misschien niet weet: het opzettelijk toebrengen van schade
aan of het doden van een politiehond is een misdrijf. Als een K9 (politiehond) tijdens de dienst omkomt, wordt hij begraven met dezelfde eerbe-
wijzen als zijn menselijke partner.

Zoals we in dit hoofdstuk hebben gezien, is de Golden Retriever
een uiterst veelzijdige hond die niet alleen in een gezin past als gezel-
schapsdier, maar ook uitblinkt op vele verschillende gebieden in de werkende wereld.

HOOFDSTUK 14
Fokken

De beslissing om te fokken

De beslissing om met je Golden Retriever te fokken moet je niet lichtvaardig nemen. Er worden wereldwijd meer puppy's geboren dan er liefdevolle huizen zijn, en met zoveel honden in asielen is het niet verantwoord om met je hond te fokken 'voor de lol' of omdat 'het leuk zou zijn om een nestje te hebben'. Fokken vereist uitgebreide kennis, tijd en geld. Als je erover denkt om een toegewijde Golden Retriever-fokker te worden, dan geeft dit hoofdstuk je wat basiskennis om je op weg te helpen. Van fokken word je niet rijk, maar het kan ontzettend bevredigend zijn om bij te dragen aan de verbetering van de genetica van het Golden Retriever-ras met een gezond, indrukwekkend nest nakomelingen.

Foto met dank aan
Marnie Harrell – Shadymist Kennel, LLC

Foto met dank aan
Lori Reuter - Avalor Goldens

Dekking

Zodra je hebt besloten dat je je vrouwelijke Golden Retriever wilt laten dekken, moet je eerst een geschikte partner selecteren. Zoals in voorgaande hoofdstukken vermeld, zijn Golden Retrievers vatbaar voor heup- en elleboogdysplasie en PRA. Daarom is het verstandig om een reu te kiezen met uitstekende heup- en elleboogscores, die ook genetisch getest is op oogafwijkingen. Het is ook belangrijk dat je zelf in deze tests voor je eigen hond hebt geïnvesteerd. Zodra je er zeker van bent dat de combinatie uitstekende nakomelingen zal voortbrengen, moet je wachten tot je hond loops wordt.

Vrouwelijke honden kunnen alleen gedekt worden gedurende enkele dagen tijdens de periode waarin hun voortplantingssysteem actief is, wat meestal ongeveer 21 dagen duurt. Een hond wordt gemiddeld elke zes maanden loops vanaf de leeftijd van ongeveer één jaar. Het is echter belangrijk dat de hond haar eerste loopsheid heeft doorgemaakt voordat ze wordt gedekt. Ze kan gedekt worden tussen haar tweede loopsheid tot een leeftijd van vijf jaar. Daarna wordt fokken niet meer aangeraden, omdat het krijgen van een nest puppy's veel van het lichaam vergt, wat een ouder lichaam mogelijk niet meer aankan.

Tekenen van loopsheid zijn onder andere het lekken van roze-, rood- of bruinachtig vocht uit de vulva, evenals zwelling van dat gebied. Het kan meer gezwollen zijn dan normaal, waardoor de hond het gebied kan gaan likken. Daarnaast vertonen de meeste honden een lichte gedragsverandering, zoals aanhaliger zijn dan normaal of het 'bemoederen' van speeltjes. Wanneer ze actief loops is, wat enkele dagen binnen de cyclus van 21 dagen zal zijn, moet ze de dekreu bezoeken. Als ze er klaar voor is, zal de dekreu haar bestijgen om te paren. Hij draait zich daarna om zodat ze met de ruggen naar elkaar toe staan. Dit wordt een 'dekknoop' genoemd, en eenmaal in deze positie moeten de honden niet uit elkaar worden gehaald, anders kan er ernstige schade aan de reu worden toegebracht.

Dracht

Wanneer je vermoedt dat je hond drachtig is, kan je dierenarts dit voor je onderzoeken. Een bloedtest kan worden gedaan op 22 dagen, en een echografie kan worden uitgevoerd op 42 dagen. De dracht duurt in totaal 63 dagen, en het is onwaarschijnlijk dat je weet hoeveel puppy's de moeder draagt tot ze bevalt. De enige manier om dit te weten is via een röntgenfoto zodra de skeletten van de puppy's verkalkt zijn, maar röntgenstralen kunnen gevaarlijk zijn voor de ontwikkeling van een foetus.

Wanneer de dracht is bevestigd, mag de moeder niet aan onnodige stress worden blootgesteld. Haar lichaam heeft meer energie nodig om de groeiende puppy's te voeden, dus een hoogwaardig dieet is essentieel. Ze kan nog steeds wandelingen maken, maar een wandeling van 20 minuten met minimaal springen en rennen is ideaal. Ze moet gedurende de dag een warme, comfortabele rustplaats hebben.

Tegen het einde van de dracht zul je merken dat haar buik zwelt en harder wordt. Haar tepels zullen ook groter worden en ze kan hongeriger zijn dan normaal. Ze zal ook lustelozer worden en een nest beginnen te maken met haar zachte speeltjes als ze die heeft.

Bevalling

Wanneer de dracht ten einde loopt, is het een goed idee om de temperatuur van de moeder te gaan meten. Een normale temperatuur ligt tussen de 38,3 en 39,2 graden Celsius, maar wanneer deze daalt, vaak tot onder de 37,8 graden Celsius, dan begint de bevalling waarschijnlijk binnen de komende 24 uur. Wanneer de moeder in arbeid gaat, moet ze in een werpkist worden geplaatst. Dit zorgt ervoor dat ze bevalt in een veilige omgeving voor zowel haar als de puppy's. Je kunt zelf een werpkist maken van een grote kartonnen doos met één kant verlaagd, of je kunt een harde hondenmand gebruiken waarvan de kussens zijn verwijderd en die is bekleed met krantenpapier. Deze tweede optie is het beste, omdat krantenpapier kan worden verwijderd als het vies wordt, en de mand achteraf gemakkelijk schoon te maken is.

Tekenen van arbeid zijn onder andere heen en weer lopen, jammeren en af en toe persen. Het kan behoorlijk lang duren, maar dit is normaal. Puppy's worden niet allemaal tegelijk geboren en er kan tot twee uur zitten tussen de geboorte van puppy's. De puppy's komen naar buiten in de vruchtzak, die de moeder zal openscheuren, maar soms breekt deze al in het geboortekanaal. De moeder zal zich dan naar de puppy draaien en hem likken om het vruchtwater weg te halen en de pup op te warmen. Sommige fokkers geven er de voorkeur aan om de puppy op te pakken zodra deze geboren is en hem krachtig met een handdoek over de rug te wrijven om hem te drogen. Dit stimuleert de ademhaling en is nuttig als de moeder voor het eerst moeder is en niet erg goede instincten toont, maar is over het algemeen niet nodig. De fokker controleert meestal de neus en mond om er zeker van te zijn dat deze vrij zijn van vocht.

Foto met dank aan
Britta Nielson - Dewbury Dream Goldens

*Foto met dank aan
Angel Martin - Goldensglen*

Als de temperatuur van de moeder daalt en er in de afgelopen 24 uur geen puppy's zijn geboren, ze ondraaglijke pijn lijkt te hebben, ze onproductief perst, er niet binnen twee uur na de laatste puppy een nieuwe is geboren terwijl bekend is dat er meer komen, of als ze groene afscheiding heeft, moet ze naar de spoedkliniek worden gebracht omdat ze mogelijk een keizersnede nodig heeft. Tijd is van essentieel belang, want hoe eerder ze de operatie ondergaat, hoe groter de kans dat de puppy's het overleven.

Zodra alle puppy's zijn geboren, zal de moeder de vruchtzakken en navelstrengen opeten. Hoewel dit voor ons niet appetijtelijk klinkt, geeft het haar een boost aan voedingsstoffen om haar melkproductie op gang te brengen. Ze moet dan met haar puppy's kunnen rusten en zogen op een warme plek (29,5 graden Celsius) zonder tocht, zodat ze kunnen zuigen. Ze moeten niet op een zachte hondenmand worden gelegd, omdat dit de kans vergroot dat ze verstikt raken.

Nazorg

De bevalling is vermoeiend, dus geef de moeder en puppy's de tijd om uit te rusten na de geboorte. De moeder kan een warm sponsbad krijgen om eventuele rommel van de bevalling schoon te maken, zodra ze tijd heeft gehad om uit te rusten, en krijgt dan voedsel en water. Ze zal waarschijnlijk niet meteen willen eten, maar ze moet voedsel en water tot haar beschikking hebben voor wanneer ze er klaar voor is.

Gedurende ongeveer een week na de bevalling kan er wat lichte afscheiding uit de vulva van de moeder komen. Een lichtroze, rode of bruine kleur is normaal, maar als het stinkt of zwart of groen is, moet ze onmiddellijk door een dierenarts worden gezien.

Een paar dagen na de geboorte is het een goed idee om de moeder en puppy's naar je dierenarts te brengen. Op deze manier kan hij ze allemaal onderzoeken om er zeker van te zijn dat ze in optimale gezondheid verkeren, en dat de puppy's niet lijden aan gespleten gehemelte, hartruizen of navelbreuken.

Puppy's grootbrengen

Het is spannend om een nest puppy's in je huis te zien opgroeien, en nog spannender om potentiële huizen voor ze te vinden. Het is jouw verantwoordelijkheid dat de toekomstige huizen van de puppy's ervaren en liefdevol zijn, en er is niets mis mee om de nieuwe eigenaren te

Foto met dank aan
Lori Reuter – Avalor Goldens

screenen. Potentiële kopers zullen bij je thuis komen om de puppy's te bekijken. Ze kunnen dit vanaf jonge leeftijd doen en kunnen ervoor kiezen om er één te reserveren totdat jij het goed vindt dat ze worden vrijgegeven. De meeste fokkers zullen dan een halsband om de puppy doen die hem van de rest onderscheidt, tenzij de puppy een onderscheidend kenmerk heeft.

De puppy's kunnen vanaf acht weken oud naar hun nieuwe huizen, maar sommige fokkers kiezen ervoor om de puppy tot 12 weken te houden. Rond vier weken oud beginnen ze misschien aan het voer van hun moeder te knabbelen naast het zogen. Ze kunnen op deze leeftijd al wat puppy-voer aangeboden krijgen, hoewel ze waarschijnlijk alleen nat voer of geweekte brokken aankunnen. In de volgende vier weken zullen ze geleidelijk volledig overgaan op puppy-voer.

Puppy's moeten op een leeftijd van 2, 4, 6, 8 en 12 weken worden ontwormd tegen rondwormen, omdat ze op jonge leeftijd bijzonder vatbaar zijn voor wormen. Ze hoeven alleen een vlooienbehandeling te krijgen als ze daadwerkelijk vlooien hebben. Als behandeling nodig is, moet je een product gebruiken dat geschikt is voor puppy's, omdat veel vlooienmiddelen niet veilig zijn voor zeer jonge of kleine dieren. Sommige fokkers nemen een microchip en de eerste vaccinatie van de initiele vaccinatiekuur op in de kosten van de puppy, en dit kan op acht weken oud door een dierenarts worden gedaan. Als de puppy nog niet is gereserveerd, moet de microchip op naam van de fokker worden geregistreerd, en kunnen de gegevens worden gewijzigd wanneer de puppy wordt verkocht.

Een nest Golden Retrievers zal je veel vreugde en plezier brengen, en het kan ontzettend bevredigend zijn om te weten dat je bijdraagt aan de verbetering van de genetica van het ras, vooral als je dicht bij de rasstandaard hebt gefokt. Echter, het fokken van puppy's is niet eenvoudig en vereist aanzienlijke kennis en financiën. Als je niet bekend bent met fokken en niet van plan bent om commercieel te fokken, kun je het beter overlaten aan de professionele geregistreerde Golden Retriever-fokkers.

HOOFDSTUK 15
Showen

Een Hond Selecteren voor Shows

De Golden Retriever is een prachtig ras en het is niet verwonderlijk dat veel eigenaren de schoonheid van hun hond willen laten zien door hem of haar in te schrijven voor wedstrijden. Natuurlijk is het niveau waarop de eigenaar zijn hond wil showen een kwestie van persoonlijke voorkeur. Lokale gezellige hondenshows bieden een minder stressvolle omgeving waar meer speelruimte is wat betreft de rasstandaard. Maar eigenaren die willen doorstromen naar nationale shows

Foto met dank aan
Jill Simmons
PoeticGold Farm

moeten zich vertrouwd maken met de rasstandaard in hun land voordat ze een pup selecteren, en onderzoek doen naar de genetica van de verschillende bloedlijnen die pups te koop aanbieden. Succes in de showring begint met de juiste bouw, wat betekent dat de hond moet voldoen aan het ideaalbeeld. Dit ideaal kan per land verschillen, dus als je een pup kiest die te veel afwijkt van de rasstandaard, zul je nooit verder komen dan lokale shows, hoe mooi de hond ook is.

De eerste overweging bij het selecteren van een pup is of je een reu of een teef wilt showen. Dit is een kwestie van persoonlijke voorkeur die ook beïnvloed kan worden door of je met je hond wilt fokken. Beide geslachten kunnen uitblinken in de showring, hoewel teven twee keer per jaar loops worden, waardoor ze vacht kunnen verliezen, wat nadelig kan zijn als de showdatum hiermee samenvalt. Beide geslachten moeten echter dezelfde kenmerken vertonen: correcte bouw, zelfvertrouwen, geduld en aanpassingsvermogen, evenals sierlijke beweging en het vermogen om stil te staan. Sommige van deze eigenschappen, zoals zelfvertrouwen, kunnen al worden waargenomen in een nest puppy's, en andere, zoals de bouw, kunnen worden beoordeeld in combinatie met de ouders, die beide gezien moeten worden. Andere eigenschappen zullen moeten worden aangeleerd. Daarom is een eigenaar die serieus is over het showen van zijn Golden Retriever bijna altijd het best af met het selecteren van een pup. Tenzij een volwassen hond uit een showachtergrond komt, heeft hij of zij namelijk waarschijnlijk niet de vroege training gehad die nodig is voor succes." Als je al een ervaren Golden Retriever-eigenaar bent of al lang belangstelling hebt voor het ras, weet je misschien al in welke bloedlijnen je geïnteresseerd bent, en zul je je interesse kenbaar maken bij de fokkers ter voorbereiding op toekomstige nesten. Als je nieuw bent bij het ras, kun je een lijst met erkende fokkers krijgen bij de Raad van Beheer op Kynologisch Gebied in Nederland. Om je hond te kunnen showen, moeten beide ouders geregistreerd zijn, evenals je pup, wat de fokker voor het hele nest zal doen. Het kopen van een pup bij een niet-geregistreerde fokker zal de hond diskwalificeren voor alles behalve leuke, lokale shows, aangezien het doel van showen op hoog niveau is om de ideale genetische lijnen te tonen voor het behoud van optimale standaarden in toekomstige generaties. Dit is in het belang van de gezondheid en het welzijn van het ras, dus het naleven van de regels heeft een humaan doel.

Je hebt dus een fokker gevonden die een nest puppy's heeft die met 8-10 weken klaar zijn om mee naar huis te gaan. Hoe vroeg kun je je toekomstige showkampioen uitkiezen? Het antwoord is rond de vijf weken, en zoals eerder besproken in Hoofdstuk 4, zoek je naar een gezonde pup die alert en vrolijk is en die het prettig vindt om gehanteerd te worden, maar voor de showring heb je nog enkele aanvullende overwegingen. Je gekozen pup zou als volwassen hond niet buiten het bereik van de rasstandaard moeten vallen qua grootte. De grootte van de ouders kan hiervoor een indicatie zijn. De pup mag geen ongewone markeringen, pigmentafwijkingen of bouwfouten hebben, zoals een onder- of overbeet, en hoewel zijn of haar kleur als pup lichter zal zijn dan de volwassen vacht, moeten extreme tinten worden vermeden. Het lijkt misschien hard, maar deze puppy's zullen liefhebbende huizen vinden als huisdier waar showen geen prioriteit is voor de eigenaar. Onthoud ook dat de fokker een expert is en je zal helpen bij je keuze. Het onderhouden van een relatie met de fokker heeft het

Foto met dank aan Deb Litzelfelner

wederzijdse voordeel dat hij of zij de successen van hun nakomelingen in de showring kan volgen, en jij hebt een mentor van wie je kunt leren terwijl je hond vorderingen maakt.

Na het Selecteren van Je Puppy

Na je onderzoek heb je dus je toekomstige showkampioen geselecteerd en gereserveerd om op te halen wanneer hij of zij klaar is om de moeder te verlaten. In dit stadium staat de hond geregistreerd op naam van de fokker. Wanneer je je puppy ophaalt, geeft de fokker je het registratiedocument van de Raad van Beheer, zodat je het geregistreerde eigendom op jouw naam kunt zetten. Je kunt je hond pas showen als dit is gebeurd, dus het is verstandig om dit meteen te regelen. Dit kan per post of online, en je hebt dan de extra ondersteuning en middelen van de Raad van Beheer, die van onschatbare waarde zullen zijn voor het showen.

De belangrijkste prioriteit voor je jonge puppy, als hij het goed wil doen in de showring, is socialisatie. Je hond moet zich op zijn gemak voelen bij mensen en alle andere honden in de showomgeving. Hopelijk heb je al een zelfverzekerde hond uitgekozen, maar socialisatie met andere honden moet beginnen zodra hij zijn eerste vaccinaties heeft gehad, en met mensen vanaf de dag dat hij geboren is. Normale puppy-socialisatie en trainingslessen zullen de basis leggen, maar daarnaast moet je show-hond leren om door vreemden gehanteerd te worden, stil te staan en te verdragen dat hij 'gestackt' wordt of in de juiste positie wordt gezet voor de keurmeester. Hij zal moeten leren zich optimaal te bewegen. Zijn zorgvul-dig geselecteerde genetica zou hiervoor de basis moeten zijn, maar leren om zijn meest sierlijke gang te gebruiken voor de showring is een gewenst doel voor zowel hond als handler.

Er is geen betere manier om de technieken voor het showen van je hond te leren dan shows te bezoeken en te observeren. Het meene-men van je jonge hond zal hem ook laten wennen aan de showomgeving voordat er verwachtingen aan hem worden gesteld. Jullie zullen samen leren en klaar zijn om direct aan de slag te gaan wanneer je je eerste show betreedt nadat de pup de vereiste leeftijd van zes maanden heeft bereikt. Je kunt ook ervaren fokkers en handlers ontmoeten en uit eerste hand tips opdoen. Weten wat je kunt verwachten zal de beginfase van de showcarrière van je hond aanzienlijk minder ontmoedigend maken. Je zult ook de kwaliteiten leren waarderen die een showkampioen ma-ken, en de sterke en zwakke punten van je eigen hond kunnen beoorde-len tegen de rasstandaard. Je zult de showetiquette leren en ontdekken hoe je teleurstelling kunt verwerken en waardig kunt accepteren wat je misschien als een verkeerde beslissing beschouwt. Je zult klaar zijn om je hond vanaf het begin optimaal te presenteren, en misschien wat vroe-ge linten te winnen om je onderweg aan te moedigen.

Het is belangrijk op te merken dat van showhonden historisch gezien wordt verwacht dat ze intact zijn. Hoewel castratie meestal wordt aan-bevolen voor huishonden, mogen in Nederland gecastreerde honden doorgaans niet deelnemen aan exterieurwedstrijden op hoog niveau. Dit komt omdat het doel van exterieurshows is om te bewijzen dat een hond het waard is om mee te fokken. In het Verenigd Koninkrijk worden uitzonderingen verleend na aanvraag van een toestemmingsbrief bij de Kennel Club. Het is echter bekend dat sterilisatie de vacht bij teven gro-ver maakt, en in de praktijk kan de afwezigheid van testikels bij de reu de beslissing van de keurmeester beïnvloeden bij het toekennen van de hogere plaatsingen.

Rasstandaarden

Het is van vitaal belang om te erkennen dat de rasstandaard voor de Golden Retriever verschilt tussen internationale organisaties, en uw hond moet voldoen aan de standaard van de organisatie waaronder hij of zij deelneemt. Er is al opgemerkt dat de Amerikaanse Golden Retriever donkerder en langgerekter is dan de lichte, vierkanter gebouwde Britse Golden Retriever. Exterieurshows gaan over niets anders dan de aansluiting bij de gewenste rasstandaard van een bepaalde organisatie, dus dit moet de belangrijkste bron zijn die u nodig hebt voor het showen van uw hond.

Voor Nederlandse fokkers en exposanten is het belangrijk te weten dat Nederland de **FCI-rasstandaard** volgt, aangezien de Raad van Beheer op Kynologisch Gebied in Nederland aangesloten is bij de Fédération Cynologique Internationale. Echter, om de globale diversiteit van het ras te begrijpen, worden hier de drie belangrijkste standaarden gegeven. Elders moet u uw nationale kennel club raadplegen, maar rasstandaarden zijn gemakkelijk online te vinden.

Fédération Cynologique Internationale (FCI)
Officiële standaard geldig in Nederland

FCI-Standaard Nr. 111 - Golden Retriever (2009)

Algemene verschijning: Symmetrisch, gebalanceerd, actief, krachtig, gelijkmatige ganger; gezond met vriendelijke uitdrukking.

Gedrag/Temperament: Meegaand, intelligent en met natuurlijk werkvermogen; vriendelijk, goedaardig en zelfverzekerd.

Hoofd: Gebalanceerd en goed gemodelleerd, schedel breed zonder grofheid; goed op de hals geplaatst, voorsnuit krachtig, breed en diep. Lengte van de voorsnuit ongeveer gelijk aan de lengte van goed gedefinieerde stop tot achterhoofdsbeen. Neus bij voorkeur zwart.

Ogen: Donkerbruin, goed uit elkaar geplaatst, donkere randen.

Oren: Middelgroot, aangezet ongeveer op ooghoogte.

Gebit: Kaken sterk, met een perfect, regelmatig en volledig schaarbeet, d.w.z. boventanden sluiten nauw over de ondertanden en staan haaks op de kaken.

Hals: Goede lengte, schoon en gespierd.

Voorhand: Voorpoten recht met goed bot, schouders goed terugliggend, lang in blad met opperarm van gelijke lengte waardoor de poten goed onder het lichaam worden geplaatst. Ellebogen nauw aansluitend.

Lichaam: Gebalanceerd, kort gekoppeld, diep door het hart. Ribben diep, goed gewelfd. Rechte bovenlijn.

Achterhand: Lendenen en poten sterk en gespierd, goede tweede dijen, goed gebogen knieën. Spronggewrichten laag geplaatst, recht wanneer van achteren bekeken, noch naar binnen noch naar buiten draaiend. Koeienhakken zeer ongewenst.

Voeten: Rond en katachtig.

Staart: Aangezet en gedragen op ruglijnniveau, reikend tot de spronggewrichten, zonder krul aan de punt.

Gang/Beweging: Krachtig met goede stuwing. Recht en zuiver voor en achter. Pas lang en vrij zonder enig teken van hackney-actie voor.

Vacht: Vlak of golvend met goede bevedering, dichte waterafstotende ondervacht.

Kleur: Elke tint goud of crème, noch rood noch mahonie. Enkele witte haren op de borst alleen, toelaatbaar.

Grootte: Schofthoogte: reuen 56-61 cm; teven 51-56 cm.

Fouten: Elke afwijking van de voorgaande punten moet als een fout worden beschouwd en de ernst waarmee de fout moet worden beoordeeld, moet in exacte verhouding staan tot de mate ervan en het effect op de gezondheid en het welzijn van de hond en op het vermogen van de hond om zijn traditionele werk uit te voeren.

Diskwalificerende fouten: Agressief of overdreven schuw.

Opmerking: Mannelijke dieren moeten twee ogenschijnlijk normale testikels hebben die volledig in het scrotum zijn ingedaald.

American Kennel Club (VS)
Officiële Standaard voor de Golden Retriever (1990)

Algemene verschijning: Een symmetrische, krachtige, actieve hond, gezond en goed in elkaar gezet, niet lomp of lang in de benen, met een vriendelijke uitdrukking en een persoonlijkheid die gretig, alert en zelfverzekerd is. Voornamelijk een jachthond, die getoond moet worden in een goede werkconditie.

Grootte, verhoudingen, substantie: Reuen 58,4 tot 61 cm schofthoogte; teven 54,6 tot 57,2 cm. Honden tot 2,5 cm boven of onder de standaardmaat moeten evenredig worden gestraft. Afwijking in hoogte van meer dan 2,5 cm van de standaard leidt tot diskwalificatie. Gewicht voor reuen 29,5 tot 34 kg; teven 25 tot 29,5 kg.

Hoofd: Brede schedel, licht gewelfd zijdelings en in de lengte zonder prominente voorhoofdsbeenderen of achterhoofdsbeen. Stop goed gedefinieerd maar niet abrupt. Voorsnuit diep en breed, bijna zo lang als de schedel.

Ogen: Vriendelijk en intelligent in uitdrukking, middelgroot met donkere, nauw aansluitende randen, goed uit elkaar geplaatst. Kleur bij voorkeur donkerbruin; middenbruin acceptabel.

Oren: Vrij kort met de voorkant goed achter en net boven het oog bevestigd en dicht tegen de wang vallend.

Gebit: Schaarbeet, waarbij de buitenkant van de onderste snijtanden de binnenkant van de bovenste snijtanden raakt. Onderbeet of overbeet is een diskwalificatie.

Vacht: Dicht en waterafstotend met goede ondervacht. Bovenvacht stevig en veerkrachtig, niet grof of zijdeachtig, dicht tegen het lichaam liggend; kan recht of golvend zijn.

Kleur: Rijk, glanzend goud in verschillende tinten. Bevedering mag lichter zijn dan de rest van de vacht.

Gang: In draf is de gang vrij, soepel, krachtig en goed gecoördineerd, met goede strekking.

Temperament: Vriendelijk, betrouwbaar en vertrouwenwekkend.

Diskwalificaties: Afwijking in hoogte van meer dan 2,5 cm van de standaard naar beide kanten. Onder- of overbeet.

Kennel Club van Groot-Brittannië (VK)

Officiële Standaard voor de Golden Retriever (1994)

Algemene verschijning: Symmetrisch, gebalanceerd, actief, krachtig, gelijkmatige ganger; gezond met vriendelijke uitdrukking.

Eigenschappen: Meegaand, intelligent en met natuurlijk werkvermogen.

Temperament: Vriendelijk, goedaardig en zelfverzekerd.

Hoofd en schedel: Gebalanceerd en goed gemodelleerd, schedel breed zonder grofheid; goed op de hals geplaatst, voorsnuit krachtig, breed en diep. Lengte van de voorsnuit ongeveer gelijk aan de lengte van goed gedefinieerde stop tot achterhoofdsbeen. Neus bij voorkeur zwart.

Ogen: Donkerbruin, goed uit elkaar geplaatst, donkere randen.

Oren: Middelgroot, aangezet ongeveer op ooghoogte.

Gebit: Kaken sterk, met een perfect, regelmatig en volledig schaarbeet.

Hals: Goede lengte, schoon en gespierd.

Voorhand: Voorpoten recht met goed bot, schouders goed terugliggend, lang in blad met opperarm van gelijke lengte waardoor de poten goed onder het lichaam worden geplaatst. Ellebogen nauw aansluitend.

Lichaam: Gebalanceerd, kort gekoppeld, diep door het hart. Ribben diep, goed gewelfd. Rechte bovenlijn.

Achterhand: Lendenen en poten sterk en gespierd, goede tweede dijen, goed gebogen knieën. Spronggewrichten laag geplaatst, recht wanneer van achteren bekeken, noch naar binnen noch naar buiten draaiend. Koeienhakken zeer ongewenst.

Voeten: Rond en katachtig.

Staart: Aangezet en gedragen op ruglijnniveau, reikend tot de spronggewrichten, zonder krul aan de punt.

Gang/Beweging: Krachtig met goede stuwing. Recht en zuiver voor en achter. Pas lang en vrij zonder enig teken van hackney-actie voor.

Vacht: Vlak of golvend met goede bevedering, dichte waterafstotende ondervacht.

Kleur: Elke tint goud of crème, noch rood noch mahonie. Enkele witte haren op de borst alleen, toelaatbaar.

Grootte: Schofthoogte: reuen 56-61 cm; teven 51-56 cm.

Fouten: Elke afwijking van de voorgaande punten moet als een fout worden beschouwd en de ernst waarmee de fout moet worden beoordeeld, moet in exacte verhouding staan tot de mate ervan en het effect op de gezondheid en het welzijn van de hond en op het vermogen van de hond om zijn traditionele werk uit te voeren.

Opmerking: Mannelijke dieren moeten twee ogenschijnlijk normale testikels hebben die volledig in het scrotum zijn ingedaald.

Voorbereiden op een Show

Het showen van je hond in exterieurklassen kan lokaal en informeel plaatsvinden, of op het streng gereguleerde, prestigieuze Raad van Beheer-circuit. Je zult echter waarschijnlijk willen beginnen in een setting met weinig druk, zodat jij en je hond een gevoel kunnen krijgen voor het showen en kunnen genieten van de ervaring. Er kunnen zelfs novel-

Foto met dank aan
Angel Martin
Goldensglen

ty-klassen zijn op lokale shows, waar alle regels overboord worden gegooid, en jij en je hond echt plezier kunnen hebben.

Je hebt echter je Golden Retriever geselecteerd en getraind voor succes op hoog niveau, dus je zult al snel in de ranglijsten willen stijgen en met de besten willen wedijveren. Door je pup te registreren bij de Raad van Beheer en lid te worden van de Golden Retriever Club in je land, heb je toegang tot showlijsten en kun je vooruit plannen voor de shows waaraan je wilt deelnemen. Zorg ervoor dat je je aanmelding en betaling op tijd verstuurt, dan kun je beginnen met het plannen voor de grote dag.

Als de show waaraan je deelneemt op enige afstand is, kun je ook overwegen om hondvriendelijke accommodatie te boeken in de buurt van de locatie, zodat je hond tijd heeft om te wennen, vooral als hij of zij last heeft van reisziekte of -stress.

De vacht van je Golden Retriever is zijn kroonjuweel, en natuurlijk wil je dat deze er op de dag van de show op zijn best uitziet. Als je een teef showt, is het verstandig om geen show te kiezen in de buurt van haar loopsheid, omdat verharing de kwaliteit van haar vacht zal beïnvloeden. Onthoud dat de rasstandaard een natuurlijke uitstraling vereist, dus je moet je hond niet laten knippen of onnatuurlijk laten trimmen. Je zult je hond dagelijks moeten borstelen om de natuurlijke zijdeachtigheid van de vacht en de verdeling van de oliën te behouden. Als je je hond wilt wassen, moet dit enkele dagen voor de show gebeuren, zodat de natuurlijke oliën tegen de showdag weer in de vacht zijn teruggekeerd. Wees je ervan bewust dat hoewel bepaalde verzorgingstrucs kleine bouwfouten op het eerste gezicht kunnen verbergen, de keurmeester ervaren is en de hond grondig met zijn handen zal onderzoeken. Hij laat zich dus niet misleiden door het oppoetsen of uitdunnen van probleemgebieden. Als onderdeel van de regelmatige verzorgingsroutine van je hond moet je dagelijks zijn tanden poetsen, aangezien ontbrekende of verrotte tanden een fout vormen in de showring.

Je zult hebben geoefend met het stacken van je hond voor de keurmeester, het behouden van zijn aandacht, en het werken aan zijn optimale tempo om zijn vloeiende gang te demonstreren. Deze dingen zullen alleen verbeteren met ervaring. Lokken met voer is meestal toegestaan in de ring om een sprankeling in het oog van je hond te brengen op het juiste moment; overmatig gebruik van voertraktaties zal de keurmeester echter niet imponeren. Let in de ring, of je nu stilstaat of beweegt, steeds op de lichaamsomtrek van je hond, met name in zijaanzicht. Zorg er als handler voor dat je een neutrale of donkere effen kleur draagt om je hond optimaal tegen je af te zetten, en praktische schoenen zodat je net zo moeiteloos in de ring beweegt als je hond.

De keurmeester zoekt naar de sterke punten van de hond, aangezien alle honden enkele zwakke punten hebben - geen enkele is perfect. Onthoud dat, hoewel keurmeesters de hond beoordelen volgens de rasstandaard, de uiteindelijke plaatsing deels op persoonlijke beoordeling berust, en het kan gebeuren dat je het daar niet mee eens bent. Goede sportiviteit in competitie wordt beschouwd als de juiste show-etiquette, en je moet nooit de beslissing van de keurmeester in twijfel trekken. Er komt altijd een andere dag!

Dit hoofdstuk heeft exteriveurshows besproken; de Golden Retriever is echter een hond met vele talenten en kan ook deelnemen aan andere disciplines, zoals behendigheid, flyball, gehoorzaamheid, jachthondenproeven en werktests. Voor deze klassen maakt het niet uit of de hond cosmetische fouten heeft of gecastreerd is. Er zal altijd een arena zijn waarin je Golden Retriever kan schitteren, en hij zal de kans aangrijpen om zijn actieve brein te stimuleren, waarbij de band tussen jullie beiden wordt versterkt terwijl jullie samen de linten binnenhalen.

HOOFDSTUK 16
Leven met een Oudere Hond

Het is onvermijdelijk dat je Golden Retriever op een bepaald moment in zijn leven de seniorenjaren zal bereiken. Als je je hond al vanaf pup hebt, lijkt dit misschien nog ver weg, terwijl het voor mensen die een oudere hond hebben geadopteerd wellicht dichterbij is. Hoe dan ook, ouder worden is een onvermijdelijk deel van het leven en we moeten dit niet negeren. Leeftijd is slechts een getal, en het betekent niet dat je Golden op acht- of negenjarige leeftijd plotseling stokoud en ziek wordt. Oudere honden zijn echter wel vatbaarder voor bepaalde kwalen. Dit hoofdstuk geeft je een overzicht van wat je kunt verwachten en hoe je problemen kunt voorkomen.

Foto met dank aan
Kelly Kelly

Dieet

Het eerste wat je moet aanpassen wanneer je hond wat ouder wordt, is geleidelijk overschakelen op seniorenvoeding. Dit kan over een periode van een week gebeuren, zoals eerder in het boek besproken. Voeding specifiek voor oudere honden is essentieel, omdat het andere hoeveelheden voedingsstoffen bevat dan puppy- of volwassen voeding, die beter aansluiten bij de behoeften van een oudere hond.

Seniorenvoeding bevat meestal iets minder calorieën dan voeding voor jongere honden. Dit komt doordat oudere honden doorgaans minder actief zijn en daarom minder calorieën nodig hebben om de dag door te komen. Een oudere hond met overgewicht zal extra belasting ervaren op zijn vitale organen, die mogelijk niet meer op volle capaciteit functioneren en beter werken zonder een laag vet eromheen.

Dit type voeding is ook vaak gericht op gewrichtsgezondheid en mobiliteit. Zoals we later in dit hoofdstuk zullen bespreken, hebben Golden Retrievers op latere leeftijd vaak problemen met hun mobiliteit en hebben ze daarom wat extra hulp nodig. Seniorenvoeding bevat meestal ingrediënten die rijk zijn aan omega-vetzuren. Deze werken als uitstekende natuurlijke ontstekingsremmers voor pijnlijke gewrichten. Ze verbeteren ook de kwaliteit en viscositeit van het gewrichtsvocht, zodat de gewrichten goed gesmeerd blijven.

De laatste aspecten waarin seniorenvoeding kan verschillen van gewone voeding zijn de concentraties van voedingsstoffen zoals natrium, kalium, calcium en fosfor. Deze beïnvloeden de gezondheid van de nieren, en te veel of te weinig ervan kan extra belasting op de nieren veroorzaken. Door precies de juiste hoeveelheid in de voeding te hebben, hoeven de nieren niet te hard te werken – iets wat de nieren van veel oudere honden niet meer aankunnen.

Foto met dank aan
Angel Martin
Goldensglen

Gezondheidscontroles voor Senioren

Om je oudere Golden in topconditie te houden, worden gezondheidscontroles voor senioren bij je dierenarts aanbevolen. Dit is naast je gebruikelijke jaarlijkse vaccinatiecontrole. Het doel van deze controles is om eventuele achteruitgang zeer vroeg in het ziekteproces op te sporen. Op die manier kan het zo snel mogelijk worden behandeld en de progressie worden vertraagd.

Een seniorengezondheidscontrole begint met een lichamelijk onderzoek. Je dierenarts controleert eerst het hoofdgebied, de tanden op overmatig tandsteen en de ogen op eventuele vertroebeling. Vervolgens luistert hij naar het hart en de longen om er zeker van te zijn dat het hart in een regelmatig ritme klopt en dat de longen helder zijn en niet piepen. Ten slotte voelt hij de buik af op eventuele bulten en controleert hij de grootte van de lever. Hij zal proberen de nieren te voelen, maar bij grotere honden zoals Golden Retrievers kunnen deze extreem moeilijk te voelen zijn, tenzij de hond erg mager is.

Na het klinisch onderzoek zal je dierenarts waarschijnlijk wat bloed afnemen om de algemene orgaangezondheid te controleren. Het bloed wordt meestal afgenomen uit de halsslagader in de nek, maar sommige dierenartsen geven de voorkeur aan de voorpootader. Een klein stukje vacht wordt weggeschoren zodat de dierenarts de ader kan zien en de procedure zo snel mogelijk kan laten verlopen voor je Golden. Deze bloedtest geeft een goede indicatie van de interne gezondheid van je hond en kan vroege problemen aan het licht brengen.

Tot slot kan je dierenarts ook een bloeddrukmeting uitvoeren. Dit lijkt veel op een bloeddrukmeting bij mensen, waarbij een manchet om de voorpoot wordt geplaatst en wordt opgeblazen. Deze wordt vervolgens langzaam leeggelaten en de dierenarts onderzoekt bij welke druk de pols terugkeert verder in de poot. Oudere honden kunnen een hogere bloeddruk hebben door nier- of hartaandoeningen, en vroege opsporing stelt je hond in staat om hiervoor medicatie te krijgen.

Artritis

Zoals besproken in Hoofdstuk 12 zijn Golden Retrievers vatbaar voor gewrichtsaandoeningen zoals heupdysplasie en elleboogdysplasie. Artritis ontwikkelt zich in elk gewricht dat ofwel normaal is maar abnormale krachten ondervindt, ofwel abnormaal is maar normale krachten ondervindt. Heup- en elleboogdysplasie zijn abnormale gewrichten en helaas is het ontwikkelen van artritis de natuurlijke progressie in het verloop van de ziekte.

De belangrijkste tekenen van artritis zijn kreupelheid en een krakend gevoel bij het buigen en strekken van het gewricht. Dit gebeurt omdat het gladde kraakbeen dat de uiteinden van de botten in het gewricht bekleedt, aan het verslechteren is. Daardoor hebben de gewrichten bij beweging eerder een schurende werking dan een soepele glijdende beweging.

Zodra het kraakbeen is aangetast, kan het helaas niet meer worden geregenereerd. Er zijn echter manieren om het degeneratieproces te vertragen. De eerste manier, die vanaf jonge leeftijd moet worden toegepast bij actieve honden of honden met gewrichtsaandoeningen, is het toevoegen van een gewrichtssupplement aan de voeding. Deze gewrichtssupplementen bevatten bijna altijd glucosamine, maar kunnen ook chondroïtine en groenlipmossel bevatten. Gewrichtssupplementen stimuleren de aanmaak van proteoglycanen, de belangrijkste bestanddelen van kraakbeen. Ze verbeteren ook de gezondheid van het gewrichtsvocht, zodat het dik en volumineus is en het gewricht gemakkelijk kan bewegen. Gewrichtssupplementen zijn verkrijgbaar in verschillende vormen, zoals tabletten, capsules, traktaties, poeders of zelfs al gecombineerd in seniorenvoeding.

Een andere manier om de gezondheid van het gewricht te ondersteunen is door je hond slank te houden. Een hond met overgewicht zal meer druk op deze gewrichten hebben, wat er op zijn beurt voor zorgt dat ze sneller verslechteren. Als je een oudere hond hebt met verminderde mobiliteit en het verhogen van zijn beweging geen optie is, dan zal het op dieet zetten gunstig voor hem zijn. Dit kan door hem minder van zijn normale voeding te geven of door hem verzadigingsvoeding te geven, die volumineus is en hem langer een vol gevoel geeft. Als je echter zijn beweging wilt verhogen, maar geen extra stress op de gewrichten wilt leggen, dan is hydrotherapie een uitstekende optie om te overwegen. Je Golden zal er waarschijnlijk van houden, aangezien ze over het algemeen aangetrokken worden tot water.

Als je dierenarts vindt dat de levenskwaliteit van je hond wordt aangetast door de pijn van artritis, wat duidelijk is bij elke hond die kreupelt, kan hij pijnmedicatie voorschrijven. De meeste honden krijgen eerst een niet-steroïde ontstekingsremmer (NSAID) voorgeschreven als pijnstiller. Sommige honden hebben een wat gevoelige maag bij NSAIDs, maar maak je geen zorgen, er zijn genoeg andere medicijnen om te proberen als je hond niet goed reageert op NSAIDs.

Als je een pijnverlichtingsmethode wilt proberen zonder medicijnen, bieden sommige dierenartsen acupunctuur aan hun patiënten. Dit stimuleert de afgifte van endorfinen, de natuurlijke pijnstillers van het lichaam.

Dementie

Foto met dank aan Meghan Shoeman

Naarmate honden ouder worden, veroudert ook hun hersenen en daarmee hun mentale vermogens. Het is nu een erkend probleem dat sommige honden lijden aan canine cognitieve disfunctie (CCD). Dit is een zeer vergelijkbare achteruitgang van de hersenen als dementie bij mensen.

Het meest voorkomende teken dat je bij je hond met CCD zult opmerken is sufheid, maar daarnaast kan er ook doelloos ronddwalen, urineren of ontlasten in huis terwijl hij voorheen zindelijk was, en gedragsveranderingen optreden.

CCD kan niet worden teruggedraaid; je dierenarts kan echter een zeer veilig dagelijks medicijn voorschrijven dat de bloedtoevoer naar de hersenen verbetert. Dit verhoogt op zijn beurt de zuurstoftoevoer en het vermogen van de hersenen om dingen beter te verwerken. Eigenaren merken vaak dat het hun hond een heel nieuw leven geeft.

Orgaanachteruitgang

Zoals eerder vermeld zijn vooral de nieren en de lever de organen die het meest vatbaar zijn voor achteruitgang later in het leven. Dit komt omdat deze organen zeer gevoelig zijn voor veranderingen in bloeddruk, voeding, inname van giftige stoffen, medicatie en algemene levensstijl gedurende het hele leven van de hond.

Vroege opsporing met bloedtests tijdens seniorenwelzijnscontroles zorgt ervoor dat je je bewust bent van eventuele problemen in een vroeg stadium, zodat eenvoudige levensstijlveranderingen kunnen worden doorgevoerd om verdere achteruitgang te stoppen. Vooral voedingsveranderingen kunnen veel van de belasting van de nieren en organen wegnemen, en sommige topmerken hondenvoeding verkopen diëten specifiek voor patiënten met lever- of nierziekten. Leverdiëten bevatten minder eiwitten, maar de eiwitten die erin zitten zijn van hogere kwaliteit dan in normale hondenvoeding. De lever moet het eiwit omzetten in een beter bruikbare vorm, dus dit betekent dat hij niet zo hard hoeft te werken. Nierdiëten bevatten verschillende hoeveelheden mineralen, zoals eerder genoemd, die door de nieren worden gefilterd.

Als de leverziekte niet met dieet kan worden behandeld, kan een echogeleide biopsie worden genomen om precies te begrijpen wat er mis is, hoewel bij oudere honden leverfibrose of leverkanker meestal het hoofdprobleem is. Dit kan onder sedatie worden gedaan, want

Foto met dank aan
Debbie & Michael Seybert

hoewel het niet extreem pijnlijk is, is het een lange naald en als de hond zou bewegen, kan dit aanzienlijke schade veroorzaken. Als de leverziekte niet direct kan worden behandeld, bijvoorbeeld met chemotherapie voor kanker, dan kunnen ondersteunende levermedicijnen worden voorgeschreven aan je hond, zoals SAM-e of ursodeoxycholzuur. Deze verbeteren de leverfunctie.

Nierziekte daarentegen kan op veel manieren worden behandeld. Meestal wordt een echo van de nieren gemaakt om te begrijpen of er een onderliggende oorzaak is van de nierziekte, zoals cysten of tumoren, of dat het gewoon chronische achteruitgang is die met de leeftijd komt. Wanneer nieren achteruitgaan, worden veel lichaamsfuncties beïnvloed. Deze omvatten de productie van rode bloedcellen, waardoor de hond anemisch kan worden, de regulering van de bloeddruk, waardoor de hond een hoge bloeddruk kan hebben, en de filtratie van water en afvalstoffen, waardoor de hond meer kan urineren. Er zijn medicijnen beschikbaar om bij al deze problemen te helpen, maar soms, als de nieren in een vergevorderd stadium van het ziekteproces zijn gekomen, kan een periode met intraveneuze vloeistoffen de situatie verbeteren.

Verlies van Zintuigen

Het klassieke beeld van een oudere hond is er een die doof of blind is. Het verliezen van deze zintuigen komt veel voor en moet worden geanticipeerd terwijl je hond nog al zijn zintuigen intact heeft.

Wanneer je hond nog goed kan horen, leer hem dan zowel handgebaren als stemcommando's. Deze zijn besproken in Hoofdstuk 6.

De ogen kunnen helaas tegelijkertijd achteruitgaan. Troebele ogen zijn normaal bij oudere honden en zijn geen teken dat hij niet kan zien. Een normale verdichting van de vezels in de lens wordt nucleaire sclerose genoemd, en hier kan de hond nog doorheen zien. Staar kan er heel vergelijkbaar uitzien met nucleaire sclerose, maar het belangrijkste verschil is dat honden niet door staar heen kunnen kijken. Een dierenarts kan onderscheid maken tussen staar en nucleaire sclerose door een fel licht in het oog te schijnen. Als hij dan naar de achterkant van het oog kan kijken, is het nucleaire sclerose, terwijl als het licht terugkaatst van de lens, het staar is. Deze kan worden verwijderd, maar vanwege de leeftijd waarop ze zich normaal gesproken ontwikkelen, kiezen veel eigenaren ervoor om de operatie niet te laten uitvoeren vanwege het verhoogde risico van de verdoving.

Blaasbeheer

Als je een vrouwelijke Golden hebt en ze is gesteriliseerd voor haar eerste loopsheid, dan kun je problemen krijgen met kleine hoeveelheden urine die lekken. Ze is zich hier niet van bewust en plast niet opzettelijk in haar mand of op de vloer, dus straf haar hier niet voor.

Wanneer de urethrale sfincter (de strakke spierband die de uitgang van de blaas gesloten houdt) tijdens haar leven geen invloed van oestrogeen heeft gehad, dan is deze aanzienlijk zwakker dan zou moeten. Dit resulteert in lekkage wanneer er druk wordt uitgeoefend op de buik en daardoor op de blaas, bijvoorbeeld bij het liggen.

Het kan goed worden behandeld met een paar medicijnopties. Deze komen in siroop- en tabletvorm en moeten dagelijks worden gegeven. Als de urinelekkage overmatig is, moet je mogelijk de lange haren rond het achterste gebied kort houden, zodat het gebied schoon blijft en er geen urineverbranding ontstaat.

Afscheid Nemen

Voor veel eigenaren komt er een moment waarop je moet beslissen of het in het belang van je hond is om te worden ingeslapen, ook wel euthanasie genoemd. Het is niet vaak het geval dat een plotselinge ziekte je hond zal treffen, maar in de oudere jaren is het meestal een chronische en langzame ziekte die ervoor zorgt dat zijn welzijn in het gedrang komt. Voor onze dieren hebben we de mogelijkheid om te beslissen of hun kwaliteit van leven zo aanzienlijk is aangetast dat ze niet verder zouden moeten gaan.

Hoewel dit natuurlijk verwoestend is voor ons als eigenaren, heeft een hond geen negatieve gevoelens over euthanasie en is het een zachte en pijnloze procedure. Een hond kan niet begrijpen of anticiperen op wat er gaat gebeuren zoals wij als mensen dat kunnen. Wanneer een hond wordt ingeslapen, is het precies dat. De procedure is een overdosis verdoving, die hem in een diepe slaap zal laten vallen, waar uiteindelijk zijn hart zal stoppen. Dit kan in een dierenartsenpraktijk of bij je thuis worden gedaan, wat voor jou en je hond het beste is.

De injectie wordt meestal gegeven in de voorpootader. Je dierenarts zal waarschijnlijk een katheter plaatsen om constante toegang tot de ader te hebben, aangezien er meestal een groot volume nodig is voor een Golden Retriever. Binnen enkele seconden zal je hond in slaap vallen. Binnen 10-15 seconden zal het hart zijn gestopt en zal je hond zachtjes zijn weggegleden. Je kunt daarna wat trillingen of urineren opmerken, of wat lijkt op een diepe ademhaling, maar dit zijn allemaal tekenen van spieren die samentrekken na de dood, en geen tekenen dat de injectie niet heeft gewerkt.

Het is altijd een zeer verdrietige situatie om afscheid te nemen van je geliefde vriend; probeer echter alle geweldige momenten te herinneren waarop je Golden in de voorgaande jaren een glimlach op je gezicht heeft gebracht, en kijk terug op de tijd met genegenheid en blijdschap, in plaats van met tranen.

DANKWOORD

Als dierenarts zie ik veel verschillende honden, maar onder mijn favorieten zijn zeker de Goldens. Er is niets beters dan begroet te worden door een kwispelende staart en een grote grijns. Het was even plezierig om dit boek over het ras te schrijven. Ik hoop dat het veel mensen voor het ras zal winnen! Daarom wil ik mijn Golden Retriever-patiënten en hun baasjes bedanken, die mij de opwinding en motivatie hebben gegeven om dit boek te schrijven.

Ik wil ook mijn langdurige boekredacteur, Clare Hardy, bedanken, die gewoon een manier heeft met woorden om ervoor te zorgen dat alles wat ik schrijf fantastisch klinkt. Ze heeft me veel steun gegeven bij al mijn schrijfinspanningen en het helpt dat ze ook een grote hondenliefhebber is!

www.ingramcontent.com/pod-product-compliance
Lightning Source LLC
Chambersburg PA
CBHW071303130626
46556CB00003B/1446